cahier d'exercices

Fabienne Gallon
Cynthia Donson

HACHETTE
Français langue étrangère
www.hachettefle.fr

Illustrations : Bartholomé Seguí, Juliette Boum-Lévéjac
Mise en pages : Grafilia, SL

ISBN 978-2-01-155204-4
© HACHETTE LIVRE, 2002, 43 quai de Grenelle, F 75 905 Paris Cedex 15.
© Ediciones SM, Madrid, 2002.
Tous les droits de traduction, de reproduction et d'adaptation réservés pour tous pays.

Le code de la propriété intellectuelle n'autorisant, aux termes des articles L.122-4 et L.122-5, d'une part, que " les copies ou reproductions strictement réservées à l'usage privé du copiste et non destinées à une utilisation collective " et, d'autre part, que " les analyses et les courtes citations " dans un but d'exemple et d'illustration, " toute représentation ou reproduction intégrale ou partielle, faite sans le consentement de l'auteur ou de ses ayants droit ou ayants cause, est illicite ".
Cette représentation ou reproduction, par quelque procédé que ce soit, sans autorisation de l'éditeur ou du Centre français de l'exploitation du droit de copie (20, rue des Grands-Augustins, 75006 Paris), constituerait donc une contrefaçon sanctionnée par les articles 425 et suivants du Code pénal.

SOMMAIRE

Unité 0 :	Tu reconnais le français ?	4
Unité 1 :	Ma famille et mes copains	7
Unité 2 :	Mon temps libre	15
Auto-évaluation des unités 1 et 2 :		23
Unité 3 :	Ma journée	25
Unité 4 :	Ma ville	33
Auto-évaluation des unités 3 et 4 :		41
Unité 5 :	C'est du passé !	43
Unité 6 :	Les vacances	51
Auto-évaluation des unités 5 et 6 :		59
Élargissement 1 :		61
Élargissement 2 :		62
Élargissement 3 :		63
Corrigé des auto-évaluations		64

UNITÉ 0
Tu reconnais le français ?

TU RECONNAIS LE FRANÇAIS ?

1 Écris les noms des journaux français.

2 Classe les mots.

Les transports	Le collège	Les sports	Les aliments
le train	la bibliothèque	le football	le fromage
un bus	une classe	le tennis	un sandwich
le métro	un professeur	le basket	une crêpe
un taxi	le français	la natation	la pizza

3 Observe cette rue de Paris et entoure les 8 anomalies.

4

LES SALUTATIONS

4 Observe les dessins et complète les bulles.

1. Au revoir ! — Salut !

2. Bonjour — Bonjour monsieur

3. Salut ! Ça va ? — Salut ! Très bien, et toi ?

4. Bon, au revoir et à jeudi ! — Merci madame

LES NOMBRES

5 Écris les nombres en lettres dans la grille et découvre le nombre caché verticalement.

11 → onze

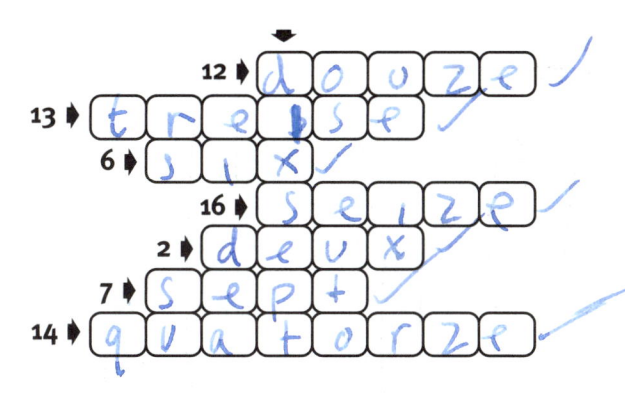

- 12 → douze
- 13 → treize
- 6 → six
- 16 → seize
- 2 → deux
- 7 → sept
- 14 → quatorze

6 Ça fait combien ?

1. Quatre + neuf = treize
2. Dix-huit − trois = quinze
3. Quatorze + deux = seize
4. Quinze − huit = sept
5. Dix + quatre + six = vingt
6. Vingt − treize + six = treize
7. Cinq + douze − un = seize
8. Dix-neuf − seize + quinze = dix-huit

LE MATÉRIEL SCOLAIRE

7 a. Observe le dessin et entoure les huit objets du collège.

bâton de colle

b. Maintenant classe les objets avec l'article indéfini (*un* ou *une*).

Masculin		Féminin	
Singulier	Pluriel	Singulier	Pluriel
Un crayon	Des crayons	*Une gomme*	*Des gommes*
Un taille-crayon	*Des taille-crayons*	*Une trousse*	*Des trousses*
Un livre	*Des livres*	*Une règle*	*Des règle*
Un bâton de colle	*Des bâton des colle*		

8 Qu'est-ce que c'est ? Fais des phrases.

1. C'est un *bic*
2. *C'est un cartable*
3. *C'est un livre*
4. Ce sont des *papiers*

QUELLE EST LA DATE D'AUJOURD'HUI ?

9 Cherche les jours de la semaine et les mois de l'année.

D	É	C	E	M	B	R	E	O	S	U	L	P	N
E	G	R	A	E	W	E	N	T	E	P	U	L	O
J	D	A	V	R	I	L	E	R	P	Q	N	A	V
U	A	D	F	C	O	S	P	I	T	U	D	S	I
I	R	M	T	R	I	S	A	M	E	D	I	T	J
L	U	A	H	E	D	U	O	K	M	A	I	Q	A
L	O	R	E	D	V	O	U	O	M	B	J	U	I
E	R	S	Q	I	E	H	T	O	R	E	E	Z	N
T	D	I	M	A	N	C	H	E	E	U	B	E	V
I	M	U	W	A	D	X	I	A	F	D	L	R	I
B	J	F	É	V	R	I	E	R	D	I	O	S	E
R	L	N	O	V	E	M	B	R	E	Z	S	T	R
O	S	K	C	Y	D	N	U	S	M	I	T	O	A
L	M	A	R	D	I	M	O	C	T	O	B	R	E

UNITÉ 1
Ma famille et mes copains

DÉCOUVRE L'HISTOIRE

1 a. Associe les descriptions aux cartes.

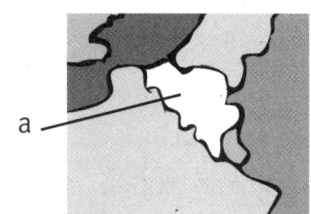 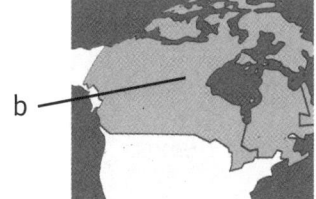 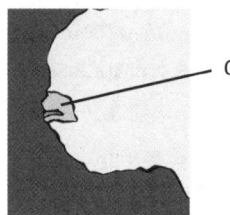 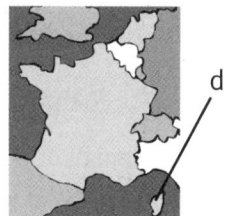

 (C) 1. Salut ! Moi, je m'appelle Philippe et je suis sénégalais. J'ai 13 ans et j'habite avec ma famille à Dakar, la capitale du Sénégal.

 (D) 2. Bonjour ! Je m'appelle Nadège et je suis française. J'ai 12 ans. J'habite à Ajaccio, en Corse, une île de la Méditerranée.

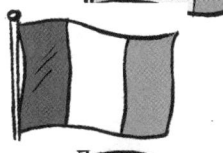 (A) 3. Salut ! Moi, je m'appelle Michelle. J'ai 14 ans et j'habite en Belgique, dans une jolie ville, Ostende.

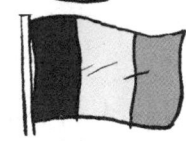 (B) 4. Bonjour ! Ça va ? Je m'appelle Frédéric et je suis canadien. J'habite avec mes parents.

b. Qui est-ce ?

1. Qui habite à Ajaccio ? Nadège
2. Qui a 14 ans ? Michelle
3. Qui a 13 ans ? Philippe
4. Qui est sénégalais ? Philippe
5. Qui est française ? Nadège
6. Qui habite à Ostende ? Michelle
7. Qui est canadien ? Frédéric
8. Qui est belge ? Michelle

2 Complète les tableaux.

HABITER		ÊTRE		AVOIR		ALLER
J' habite	Je suis	J' ai	Je vais
Tu habites	Tu es	Tu as	Tu vas
Il/Elle habite	Il/Elle est	Il/Elle a	Il/Elle va

3 Complète avec le verbe adéquat, conjugué au présent.

1. Christina **est** belge et Chloé **est** française.
2. Christina **habite** à Bruges et elle **habite** à Montpellier.
3. Annette **est** la mère de Chloé.
4. Chloé **est** un frère, il s'appelle Paul.

7

ENTRAÎNE-TOI

1 **a. Observe cette fiche et complète les réponses.**

> **Nom :** Chloé Dumas
> **Âge :** 12 ans
> **Domicile :** 12, rue Victor Hugo,
> 34 070 Montpellier
> **Nationalité :** Française

Comment tu t'appelles ? → Je *m'appelle* Chloé Dumas.
Tu as quel âge ? → *12 ans*
Où tu habites ? → *Montpellier*
Tu es d'où ? → *française*

b. Retrouve les questions posées.

1. *Tu as quel âge* ?
J'ai 12 ans.
2. *Tu es d'où* ?
Je suis belge.
3. *Comment tu t'appelles* ?
Je m'appelle Mathieu.
4. *Où tu habites* ?
J'habite à Bruxelles.

2 **a. Complète la description de la famille de Stéphanie.**

Sa *mère* s'appelle Eugénie et son *père* s'appelle Daniel.
Elle a un *frère* et une *sœur*.
Son frère a 18 ans. Il s'appelle *Pierre*.
Sa sœur a 8 ans. Elle s'appelle *Hélène*.
Son grand-père s'appelle Jean et *sa* *grand-mère* s'appelle Huguette.

b. Écris des phrases sur ta famille.

1. *Mon père* ....
2. ....
3. ....
4. ....

3 **Vrai ou faux ? Rétablis la vérité si nécessaire.**

	V	F
1. Trente et un + dix-huit = quarante-huit	☐	☐
2. Cinquante-trois – vingt-deux + quatorze = quarante-cinq	☐	☐
3. Trente-huit – vingt-trois + trente-deux = quarante-sept	☐	☐
4. Quarante-six + dix – trente + douze = trente-six	☐	☐
5. Cinquante-quatre – trente-deux + onze – quatre = vingt-sept	☐	☐

ENTRAÎNE-TOI

4 a. Écris les professions et trouve la profession cachée verticalement.

1. Patrick Bruel est …
2. Alexandre Dumas est …
3. Mary Pierce est …
4. Gérard Depardieu est …
5. Catherine Deneuve est …
6. Céline Dion est …

1. CHANTEUR
2. ECRIVAIN
3. SPORTIVE
4. ACTEUR
5. ACTRICE
6. CHANTEUSE

b. La profession cachée verticalement est : ....

5 a. Classe les mots.

~~blond~~   ~~sympa~~   ~~jeune~~   ~~gros~~   ~~grand~~   ~~âgé~~
~~bleus~~   ~~brun~~   ~~petit~~   verts
antipathique   mince   ~~roux~~   marron

L'âge	La taille	Les cheveux	Les yeux	La personnalité
âge	petit	blond	verts	antipathique
jeune	grand	brun	marron	sympa
	mince	roux	bleus	
	gros	marron	brun	

b. Associe les descriptions aux personnages.

1. Il est grand et âgé, il a les cheveux blancs et longs. Il a les yeux bleus et il est très sympa.   c

 a — 4
 b — 3
 c
 d — 2

3. Elle est sympa. Elle est brune. Elle a les cheveux frisés et les yeux marron.   b

2. ELLE EST JEUNE. ELLE EST PETITE ET ROUSSE. ELLE A LES YEUX VERTS ET LES CHEVEUX COURTS. ELLE EST ANTIPATHIQUE.   d

4. Il est jeune. Il est grand et blond. Il a les yeux bleus et les cheveux raides. Il est antipathique.   a

9

DÉCOUVRE LA GRAMMAIRE

La conjugaison

1 Complète avec les pronoms, *j'/ je, tu, il* ou *elle*.

1. .... es allemande ?
2. .... suis acteur.
3. .... habites à Paris ?
4. .... a deux frères.
5. .... est écrivain.
6. .... vais à Paris.
7. .... s'appelle Madeleine.
8. .... m'appelle Paul.
9. .... ai trois cousins.
10. .... va en Suisse.

2 Complète les phrases.

1. Tu .... d'où ?
   Je .... anglaise.
2. Elle .... quel âge ?
   .... 13 ans.
3. Où est-ce qu'il .... ?
   Il .... 20, place de la Liberté.
4. Comment tu .... ?
   Je .... Philippe Besson.
5. Ton père .... avocat ?
   Non, il .... médecin.

3 Fais des phrases.

Je	suis	à Bruxelles
J'	vas	français
Tu	habite	15 ans
Il	as	à Barcelone
Elle	est	anglaise
	habites	11 ans
	vais	
	a	

1. ....
2. ....
3. ....
4. ....
5. ....
6. ....

Les articles

4 Complète avec *le, la, l'* ou *les* ?

1. Christina prend .... train pour aller à Montpellier.
2. Chloé est .... correspondante de Christina.
3. .... parents de Chloé sont très sympas.
4. .... frère de Chloé s'appelle Paul.
5. .... acteur préféré de Paul, c'est Gérard Depardieu.

DÉCOUVRE LA GRAMMAIRE

5 Souligne le mot correct.

1. Tu as une gomme / stylo bleu, s'il te plaît ?
2. Chloé a un frère / père de 11 ans.
3. Christina va dans un collège / famille français.
4. Christina a des ami / copains en France.
5. Chloé a un chambre / prénom très joli !

Les adjectifs possessifs

6 a. Complète le tableau.

	Masculin	Féminin	Pluriel
je	....	....	mes
Tu	ton	....	....
Il / Elle	....	sa	....

b. Souligne la réponse correcte.

1. Tu connais son mère / père / tante ?
2. Je te présente mes cousin / cousins / cousine.
3. Marie, c'est ma sœur / cousin / frère.
4. Laurence ? C'est sa femme / mari / oncle.
5. Voici mes pères / mères / copines de classe.

Le genre des adjectifs

7 Corrige les adjectifs comme dans l'exemple.

Mon grand-père est grosse. → *Mon grand-père est gros.*

1. Ma grand-mère est âgé. ....
2. Ma copine a les yeux vert. ....
3. Mon cousin est blonde. ....
4. Tu as les cheveux court ? ....
5. Elle a les cheveux frisées. ....

8 Fais une courte description de ton / ta camarade comme dans l'exemple.

Ma copine s'appelle Claude Morand. Elle a douze ans et elle est en 6ème. Elle habite à Berne. Elle a un frère et une sœur. Elle est grande et brune. Elle a les cheveux courts et frisés et les yeux marron. Elle est très sympa !

Ma copine / Mon copain ....
....
....
....

LA VIE EN FRANCE

CORRESPONDANTS

1 Lis les lettres et complète le tableau.

Les prénoms	Les âges	Les pays	Les villes	Les sports	D'autres passe-temps
1. Leïla					
2.					
3.					
4.					
5.					

1  2  3  4  5

1. J'ai 11 ans, je suis égyptienne et je parle français. J'aime lire, regarder des films, écouter les chansons de Manau et de Zazie.
    Leïla, Guizeh, Égypte.

2. Salut ! J'ai treize ans et j'aimerais correspondre avec des jeunes de mon âge. J'aime la musique (rap, techno, rock, reggae). Je pratique le tennis et le piano.
    Nadège, Marseille, France.

3. J'ai 14 ans, j'adore la musique, le cinéma et les livres et j'aimerais avoir un(e) correspondant(e) français(e). Je parle français et anglais.
    Konstantin, Sofia, Bulgarie

4. Salut ! Je m'appelle Véra et j'habite à Saint-Pétersbourg. J'ai 11 ans. J'aime lire, écouter de la musique et apprendre des langues étrangères.
    Véra, Saint-Pétersbourg, Russie.

5. J'ai 12 ans et je cherche un correspondant. J'aime le foot, le tennis, le hockey, le ciné et les jeux vidéo.
    Alain, Paris, France.

2 Réponds aux questions.

1. Quel âge a Alain ? ....
2. Où habite Konstantin ? ....
3. Comment s'appelle l'Égyptienne ? ....
4. Quel âge a la Russe ? ....
5. Où habite Nadège ? ....

APPRENDRE À APPRENDRE

LE VOCABULAIRE (1)

Des trucs pour mémoriser le vocabulaire.

1 Crée une section « spécial vocabulaire » dans ton cahier ou ton classeur.

2 Fais des dessins pour illustrer les mots nouveaux.

Fais d'autres dessins dans ton cahier avec le vocabulaire correspondant.

3 Classe les mots (par familles ou catégories).

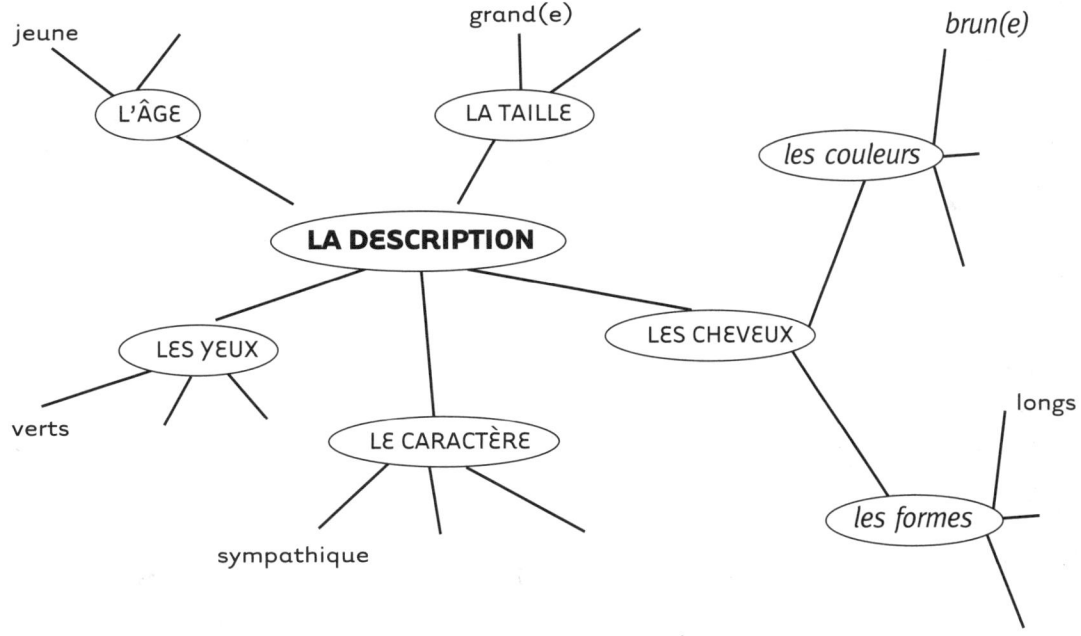

Copie l'étoile dans ton cahier ou dans ton classeur et ajoute d'autres mots.

4 Fais une liste de mots par famille.

LES PROFESSIONS : *médecin* ....
....
LA FAMILLE : *le père* ....
....

Copie la liste dans ton cahier ou dans ton classeur et ajoute d'autres mots.

POUR ALLER PLUS LOIN

1 Retrouve dans la grille des mots cachés horizontalement (12), verticalement (11) et en diagonale (1) :

- 5 noms de personnes de la famille
- 6 noms de professions
- 6 noms de pays francophones
- 6 adjectifs de la description

B	C	O	M	M	E	R	Ç	A	N	T	■	R
L	S	C	O	U	S	I	N	E	Q	U	G	O
O	V	E	N	D	E	U	R	M	U	N	R	U
N	I	■	C	C	O	N	G	O	É	I	A	X
D	Ê	A	F	R	È	R	E	N	B	S	N	W
■	T	V	■	P	É	R	E	A	E	I	D	M
F	N	O	T	A	N	T	E	C	C	E	M	I
I	A	C	B	R	U	N	A	O	■	A	È	N
L	M	A	M	É	D	E	C	I	N	G	R	C
S	■	T	S	U	I	S	S	E	R	É	E	E
■	J	E	U	N	E	C	A	C	T	E	U	R

2 Écris :

a. pour les noms des personnes de la famille : l'article et le nom de genre opposé.

la cousine → *le cousin* / .... → .... / .... → ....
.... → .... / .... → ....

b. pour les noms de la description : l'adjectif de genre opposé (masculin ou féminin).

roux → *rousse* / .... → .... / .... → ....
.... → .... / .... → .... / .... → ....

c. pour les noms de professions, l'article et le nom de genre opposé (masculin ou féminin)

un commerçant → *une commerçante* / .... → .... / .... → ....
.... → .... / .... → .... / .... → ....

d. pour les noms de pays : l'article (sauf pour un pays).

la Suisse / .... / .... / .... / .... / ....

UNITÉ 2
Mon temps libre

DÉCOUVRE L'HISTOIRE

1 a. Cherche 7 mots en relation avec le temps libre.

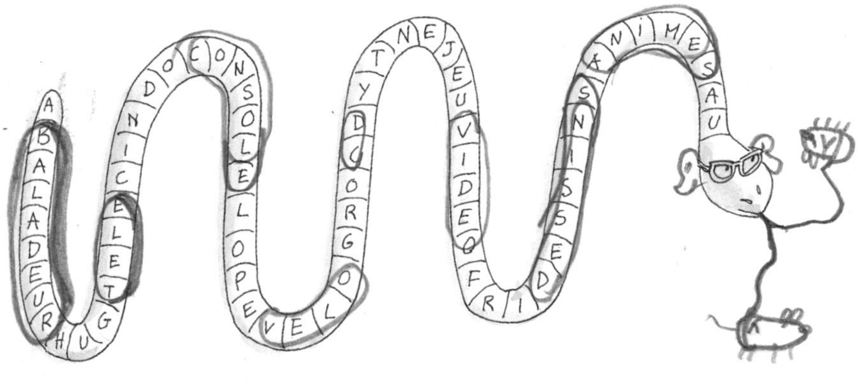

b. Fais la liste. Écris les articles indéfinis (*un, une, des*) et les accents.

un baladeur
un télé
un console
un vélo
des vidéo
un dessins
des animés

2 Observe les dessins et complète les bulles avec les expressions suivantes.

Fais voir ! — Désolé ! — Quelle galère ! — Bien sûr ! — Super ! — Ça ne fait rien !

a. *Ça ne fait rien !*
b. *Fais voir !*
c. *Bien sûr !*
d. Demain interrogation ! — *Quelle galère !*
e. Tu as un stylo ? — *Désolé !*
f. On va au cinéma ? — *Super !*

ENTRAÎNE-TOI

1 a. **Qu'est-ce que tu en penses ? Utilise les expressions suivantes.**

J'adore   J'aime bien   J'aime beaucoup

Je n'aime pas beaucoup   Je n'aime pas   Je déteste

1. les dessins animés ? ....
2. les sardines ? ....
3. le basket ? ....
4. les sciences ? ....
5. la boxe ? ....
6. les chats ? ....

b. **Dis le nom de trois choses (*un sport, un plat, une matière...*) que...**

1. tu adores : ...., ..., ...
2. tu détestes : ...., ..., ...

2 **Transforme les questions comme dans l'exemple.**

Tu aimes les clips vidéo ?   → *Est-ce que tu aimes les clips vidéo ?*

1. Tu aimes le français ?   ....
2. Tu habites à Marseille ?   ....
3. Tu vas au collège Blaise Pascal ?   ....
4. Tu parles anglais ?   ....

3 **Oui, Non, Si !**

a. **Réponds et utilise *si*, *oui* ou *non*.**

1. Tu aimes les maths ?   – ...., j'adore ça !
2. Tu n'aimes pas ce jeu vidéo ?   – ...., il est très bien !
3. On fait un tour cet après-midi ?   – ...., je n'ai pas envie !
4. On regarde un film ?   – ...., pourquoi pas !
5. Tu ne viens pas avec nous ?   – ...., j'arrive tout de suite !

b. **Retrouve la question posée.**

→ *(Est-ce que) tu aimes les films d'horreur ?*   Non, je déteste ça !

1. .... ?   Si, j'adore !
2. .... ?   Non, merci.
3. .... ?   Oui, j'aime bien !
4. .... ?   Si. Pourquoi ?

J' ♥ le français

ENTRAÎNE-TOI

4. Qui fait quoi ?

a. Écris le nom sous chaque dessin.

a. *La grand-mère*   b. ....   c. ....   d. ....   e. ....

b. Complète les phrases.

1. *La grand-mère aime lire des livres.*
2. Le bébé aime écouter la musique ....
3. Le fils lire les ....
4. La mère jouer le ....
5. Le père regarder ....

c. Et toi ? Qu'est-ce que tu aimes faire pendant ton temps libre ?

J'aime ....

5. Le sport, j'adore !

a. Complète avec l'article défini *le, la* ou *l'*.

Elle aime...

1. .... natation
2. .... vélo
3. .... basket
4. .... athlétisme
5. .... danse
6. .... volley
7. .... équitation
8. .... tennis

b. Dis quels sports elle fait. Complète avec les articles *du, de la* ou *de l'*.

Elle fait...

1. **le** natation   2. **de** vélo   3. **le** basket   4. **de l'** athlétisme
5. **la** danse   6. **du** volley   7. **de l'** équitation   8. **du** tennis

c. Et toi ?

– Quels sports tu aimes ?

J'aime ....

– Quels sports tu fais ?

Je fais ....

DÉCOUVRE LA GRAMMAIRE

La conjugaison

1 Souligne le pronom correct.

1. On / Tu / Elles habite à Poitiers.
2. Je / On / Elles parlent français et anglais.
3. Elle / Tu / Il t'appelles Durand ?
4. I / Je / Elles écoutent un CD de Bruel.
5. On / Ils / tu joue dans une équipe de volley.
6. Je / On / Tu regardes un documentaire ?

2 Complète les phrases avec les verbes *avoir, être, faire, parler, savoir*.

1. Il ....parler.... japonais.
2. Ils ....parlent.... espagnol.
3. On ....a.... 12 ans.
4. Je ....sais.... jouer au rugby.
5. Tu ....fais.... de la natation ?

3 Complète le texte. Utilise le pronom *on*.

.... camerounais. .... à Yaoundé, la capitale du pays. .... le français et des langues africaines. .... en cinquième B au collège Victor Hugo. .... 12 ans. .... quatre heures de foot par semaine. C'est bien !

La négation

4 *Ne* ou *n'* ? Réponds négativement.

C'est possible ? → Non, *ce n'est pas possible.*

1. Il est français ? → Non, ...
2. Il aime les jeux vidéo ? → Non, ...
3. Son copain habite ici ? → Non, ...
4. On a le temps ? → Non, ...

18

DÉCOUVRE LA GRAMMAIRE

5 Réponds aux questions.

Tu es blond(e) ? → *Oui, je suis blond(e). / Non, je ne suis pas blond(e), je suis brun(e).*

1. Tu es grand(e) ? → ....
2. Tu as 11 ans ? → ....
3. Tu habites à Bruges ? → ....
4. Ton père est employé de bureau ? → ....
5. Ta mère a les yeux bleus ? → ....
6. Tu parles allemand ? → ....

Est-ce que/Qu'est-ce que

6 Trouve les questions correspondantes avec *est-ce que* ou *qu'est-ce que*.

Est-ce que tu aimes faire du sport ? → Non, je n'aime pas faire du sport.

1. ....
   Oui ! J'aime bien les films d'aventures.
2. ....
   Le samedi ? Je fais de la natation.
3. ....
   Non, je n'écoute pas de musique classique.
4. ....
   Je cherche un stylo.
5. ....
   Non, je déteste les maths.

Faire *du/de la/de l'*

7 Souligne la bonne réponse.

1. Je fais du natation / rugby / athlétisme .
2. Ma mère fait de la foot / randonnée / équitation .
3. Tu fais de l' athlétisme / volley / gymnastique .
4. On fait de l' sport / escalade / rafting .

8 Complète le dialogue avec un sport de ton choix. Attention aux articles.

Pierre : Moi, j'adore le sport. Je fais du ...., de l' .... et de la .... Et toi, tu aimes le sport ?
Catherine : Oui, j'aime bien. Moi, j'aime le .... et la .... Et toi, Monique ?
Monique : Moi, je n'aime pas beaucoup le sport. J'aime faire du .... mais je préfère la ....
Et je déteste faire de l' ...., du .... et de la .... !

LA VIE EN FRANCE

DEUX FRANÇAIS CÉLÈBRES

1 Lis les textes.

Pascal Obispo

Pascal Obispo est né le 8 janvier 1965 à Bergerac (en Dordogne).
Il est chanteur mais il compose aussi des chansons pour d'autres artistes français tels que Zazie, Johnny Halliday, Florent Pagny, Patricia Kaas,...
Il est marié avec Isabelle Funaro depuis le 4 avril 2000 et a un petit garçon appelé Sean.
Un thème cher à son cœur est la lutte contre le sida. Il participe à des concerts, il offre la totalité des recettes des ventes de certaines de ses chansons (comme par exemple pour *Sa raison d'être*) à la recherche contre la maladie et à l'aide aux familles.

Audrey Tautou

L'actrice Audrey Tautou est née le 9 août 1978 à Beaumont (en Auvergne).
Elle commence sa carrière d'actrice dans des téléfilms et des courts métrages, puis elle apparaît dans des films.
En 2000, elle obtient le César du meilleur espoir féminin pour son rôle dans le film *Vénus Beauté*.
Mais c'est surtout grâce à l'énorme succès du film *Le Fabuleux Destin d'Amélie Poulain*, où elle joue le rôle principal, qu'elle devient une actrice connue de tous les Français et l'une des plus appréciées !

2 a. Vrai ou Faux ?

a. Pascal Obispo a 34 ans. — F
b. Zazie, Johnny Halliday... composent des chansons pour Pascal Obispo. — F
c. Sa fille s'appelle Sean. — F
d. Il participe à la lutte contre le sida. — V
e. Audrey Tautou est actrice. — V
f. En 2000, elle gagne un Oscar. — F
g. Tous les Français la connaissent grâce au film Vénus Beauté. — F
h. Les Français aiment bien cette actrice. — V

b. Écris une courte description d'une personne que tu admires.

....
....
....
....
....

Apprendre à apprendre

Des trucs pour mémoriser le vocabulaire.

1 Écris les mots dans un répertoire.

2 Écris une phrase avec chaque mot.

faire : *Je fais du foot et de la natation.*
une bande dessinée : *J'aime lire des bandes dessinées.*
détester : ....
on : ....
un CD : ....

3 Écris les contraires des mots suivants.

mince - *gros(se)*
petit - ....
sympa - ....
aimer - ....

4 Classe les mots par catégories grammaticales (verbe, préposition, adjectif, pronom, etc.).

Copie le tableau et complète avec les mots suivants :

frère   mon   tu   habiter   en   élèves
parler   blond   raides   jouer
cheveux   dans   secrétaire   je   écouter

Pronoms	Noms	Verbes	Prépositions	Adjectifs
elle	la fille	être	à	grands
....	....	....	....	....
....	....	....	....	....
....	....	....	....	....

POUR ALLER PLUS LOIN

> un maillot   un filet   une piste   un ordinateur   une raquette
> un maillot de bain   un terrain   le volley   le judo   un vélo
> un casque   un court   des skis   un baladeur   le vélo   le foot
> la télé   le basket   l'athlétisme   un livre
> une chanson   un panier   un film   une balle   la pétanque   un tatami,
> des chaussures   une piscine   la lecture   une boule
> la natation   un kimono   un ballon   le ski   Internet

1 Observe la liste de mots et cherche 4 sports ou loisirs

a. qui se pratiquent à l'air libre : ....

b. d'intérieur : ....

c. individuels : ....

d. d'équipe : ....

2 Écris les mots sous chaque dessin.

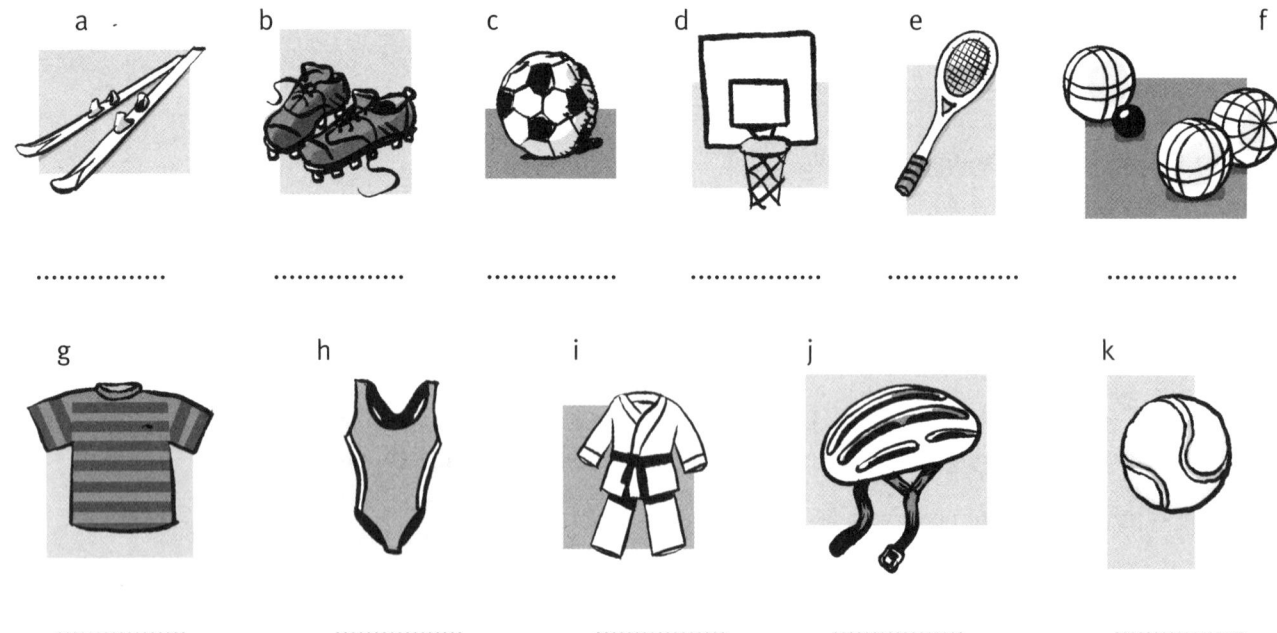

3 Quel(s) sport(s) on peut pratiquer dans les endroits suivants ?

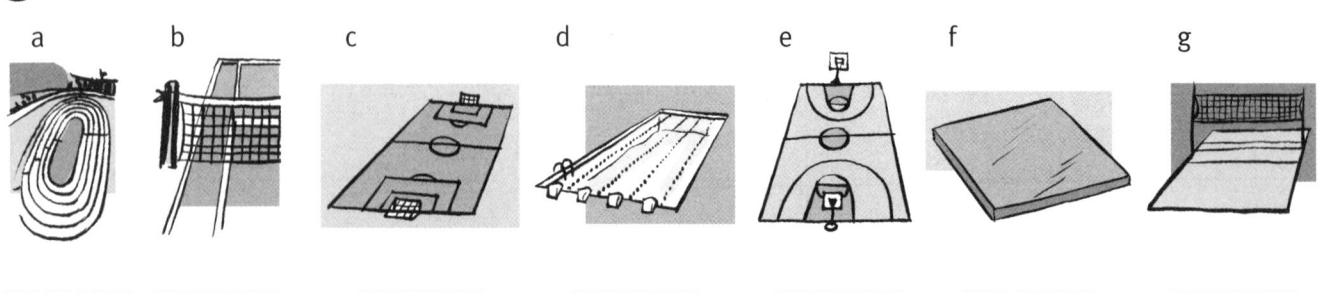

Auto-évaluation Unités 1 et 2

LE VOCABULAIRE

1 Cherche l'intrus. — 6 points

1. mai, lundi, jeudi, dimanche
2. des feuilles, des livres, des professeurs, des stylos
3. bleus, frisés, courts, raides
4. le matin, l'après-midi, aujourd'hui, derrière
5. la mère, la cousine, le mari, la chanteuse
6. allemande, anglais, française, espagnole

2 Complète les phrases avec des mots de la liste, à la forme correcte. — 6 points

| aimer | voisin | enfant | adorer | ami | blond | adorer | grand-père | faire |
| faire | père | avocat | frisé | mère | treize | détester | garçon |

Je m'appelle Élise et j'ai .... ans. Je suis .... et j'ai les cheveux ....
Ma .... est .... et mon .... est professeur. Nous sommes trois .... et nous habitons avec notre ....
Je .... beaucoup de sport et j' .... le cinéma. J' .... sortir avec mes ....

3 Écris les nombres en lettres. — 5 points

16 .... 40 ....
21 .... 38 ....

LA COMMUNICATION

4 Réponds aux propositions. — 4 points

1. On va à la bibliothèque. Tu viens ? → ....
2. On joue au tennis ? → ....
3. On répare le vélo ? → ....
4. Tu viens avec moi faire un tour ? → ....

LA GRAMMAIRE

5 Complète les phrases avec *le, la, l', les, du, de la, de l'*. — 3 points

1. Paul fait .... volley le mardi.
2. J'aime écouter .... musique le soir.
3. Elle fait .... danse deux jours par semaine.
4. Mon cousin aime beaucoup .... jeux vidéo.
5. Pierre aime faire .... escalade le week-end.

Auto-évaluation Unités 1 et 2

LE VOCABULAIRE

6 Remets les questions dans l'ordre. *2 points*

1. t' / appelles / Comment / tu ?
....
2. Tu / à / habites / Bordeaux ?
....
3. des / as / frères / ou / sœurs / des / Tu ?
....
4. quel / a / âge / Elle ?
....

7 Complète avec *mon, ma, mes, ton, ta, tes, son, sa, ses*. *4 points*

1. Tu n'as pas .... cahier ?
2. Voici une photo de ma cousine, avec .... fille.
3. Nicole est très sympa, et .... frère, il est cool !
4. Maman ! Où est .... trousse ?

8 Complète les phrases en utilisant *on*. *3 points*

1. .... un chat.
2. .... à Marseille.
3. .... au collège.

9 Transforme les phrases à la forme négative. *5 points*

1. Je vais à Paris. ....
2. Il habite à Grenoble. ....
3. Elle est blonde. ....
4. Je suis belge. ....
5. Elle est sympa. ....

LA CULTURE

10 Vrai ou faux ? *3 points*

1. Le Luxembourg est un pays francophone. ☐
2. Quand on cherche des informations sur Internet, on navigue. ☐
3. Pascal Obispo est acteur français. ☐

Total : 40 points

COMPTE TES POINTS ET DIS SI TU SAIS :

- décrire des personnes
- compter de 1 à 59
- faire des propositions, accepter ou refuser
- parler des activités quotidiennes
- parler de tes goûts et loisirs
- demander des informations personnelles
- exprimer la possession
- nier

UNITÉ 3

Ma journée

DÉCOUVRE L'HISTOIRE

1 a. Associe les verbes aux dessins.

se lever ..... dîner ..... se doucher ..... déjeuner ..... se réveille ..... prendre le petit déjeuner

dîner   se lever   se doucher
   déjeuner   se réveiller   prendre le petit déjeuner

b. Mets ces activités dans l'ordre.

1. se réveille   2. prendre le petit déjeuner   3. déjeuner
4. se douche   5. dîner   6. se lever

2 Mets les phrases dans l'ordre.

1. ma / Je / douche / prends / heures / demie / et / à / sept.

....

2. sept / prend / le / Mon / heures / petit déjeuner / à / père.

....

3. café / des / Tu / un / au / et / prends / tartines / lait ?

....

4. devoirs / le / Elle / ses / finit / soir.

....

3 Regarde l'emploi du temps du jeudi de cet élève français.

À quelle heure est-ce qu'il a :

1. Histoire-Géo ? → *Il a Histoire-Géo (le matin) à 11 heures / de 11 heures à midi.*
2. Musique ? → *Il n'a pas musique le jeudi.*
3. Gym ? → ....
4. Anglais ? → ....
5. Sciences ? → ....
6. Arts plastiques ? → ....

	jeudi
Matin	8 h 00 à 9 h 00 français
	9 h 00 à 10 h 00 Maths
	10 h 00 à 11 h 00 Sciences
	11 h 00 à 12 h 00 histoire-géo
	12 h 00 à 14 h 00 Cantine
après-midi	14 h 00 à 15 h 00 anglais
	15 h 00 à 16 h 00 gym
	16 h 00 à 17 h 00 gym

ENTRAÎNE-TOI

1) Quelle heure il est ?

a. Trouve le réveil correspondant.

1. Il est six heures moins vingt-cinq. b
2. Il est trois heures cinq.
3. Il est midi.
4. Il est quatre heures vingt.
5. Il est onze heures moins le quart.
6. Il est minuit.
7. Il est huit heures et quart.
8. Il est cinq heures moins dix.

b. Dessine les aiguilles de ces horloges.

1. Il est deux heures vingt.
2. Il est trois heures moins dix.
3. Il est minuit moins vingt-cinq.
4. Il est sept heures et quart.
5. Il est midi cinq.

2) Quand ?

a. Quand est-ce que tu fais les activités suivantes ? Le matin, l'après-midi, le soir ?

1. Je commence les cours. → ..... *le matin* .....
2. Je me couche. → ....
3. Je regarde la télé, je lis ou j'écoute de la musique. → ....
4. Je rentre à la maison. → ....
5. Je me réveille. → ....
6. Je fais mes devoirs. → ....
7. Je prends ma douche. → ....

b. Précise à quelle heure tu fais ces activités. Remets les phrases dans l'ordre.

1. *Je me réveille à huit heures.*
2. ....
3. ....
4. ....
5. ....
6. ....
7. ....

ENTRAÎNE-TOI

3 La comtesse de la crêperie

Observe les dessins. Qu'est-ce que la comtesse est en train de faire aux heures suivantes ?
Utilise les expressions suivantes.

| faire la sieste | déjeuner | écouter de la musique | se lever |
| prendre sa douche | prendre le petit déjeuner | jouer au golf |

1. Que fait la comtesse à onze heures ? → *Elle est **en train de** jouer au golf.*
2. Et à deux heures de l'après-midi ? → faire la sieste
3. À cinq heures et demie ? → écouter de la musique
4. À dix heures et demie du matin ? → prendre sa douche
5. À neuf heures et demie du matin ? → se lever
6. À dix heures moins le quart du matin ? → prendre le petit déjeuner
7. À midi et demi ? → Elle est en train de déjeuner

4 Les nombres.
Cherche les 12 nombres suivants cachés dans la grille.

(30) (22) (3) (86) (80) (73) (61) (60) (92) (29) (70) (75)

27

DÉCOUVRE LA GRAMMAIRE

Le pluriel des verbes

1 Souligne le mot correct.

1. Ses parents / Vous / Je   travaillez à Marseille.
2. Tu / Ton frère / Je   prend le bus à quelle heure ?
3. Je / On / Nous   habite au 2 rue Pascal.
4. Je / Tu / Mes parents   déjeunes beaucoup le matin !
5. Tu / Vous / Ils   faites les devoirs ?
6. Je / Tes copines / Tu   vais au collège Émile Zola.

2 Complète avec *le, la, l', les*.

1. .... fils Dupont habite à Paris !
2. .... français est une très belle langue !
3. Que fait .... jeu vidéo de Pierre ici ?
4. .... cours commencent à quelle heure ?
5. .... adresse de Pierre n'est pas correcte.

3 Complète le tableau.

	PRENDRE LE PETIT DÉJEUNER	DÉJEUNER	DÎNER
Je		déjeune	
Tu			dînes
Il / Elle / On	prend		
Nous			dînons
Vous	prenez		
Ils / Elles		déjeunent	

4 Complète les phrases et complète les verbes à la forme correcte.

1. Nous ....déjeunons........ (déjeuner) à deux heures.
2. Les enfants ....prennent........ (prendre) le petit déjeuner à sept heures.
3. Vous ....regardez........ (regarder) la télé le soir ?
4. Tes amies ....cherche........ (chercher) des correspondants.
5. Nous .... (prendre) des tartines le matin.
6. Ils n' ....écoutent........ pas (écouter).
7. Vous ....dîne........ (dîner) à huit heures ?
8. Je ....prendes........ (prendre) un café au lait le matin.

DÉCOUVRE LA GRAMMAIRE

5 Mets les phrases au pluriel.

Je suis en cinquième. → *Nous sommes en cinquième.*
1. Tu as l'heure ? → Vous *avez l'heure* ?
2. Il est très sympa. → Ils *sont très sympas.*
3. Elle a beaucoup de copains. → Elles *sont beaucoup de copains*
4. Tu es français ? → Vous *avez français* ?
5. Je suis acteur. → Nous *sommes acteurs*
6. Je déjeune à la cantine. → Nous *~~sommes~~ déjeunons à la cantine*

Les verbes pronominaux

6 Complète ces phrases en utilisant les verbes à la forme correcte.

1. Il *se réveille* (se réveiller) à six heures.
2. Je *me couche* (se coucher) à dix heures et demie.
3. Nous *nous appelons* (s'appeler) Sánchez.
4. Tu *t'habilles* (s'habiller) avant de prendre le petit déjeuner ?
5. Ils *se couchent* (se coucher) très tard.
6. Vous *vous lavez* (se laver) les mains avant de dîner ?

Être en train de

7 Qu'est-ce qu'ils sont en train de faire ? Fais-les parler.

1. Nous ....
2. Elles ....
3. Je *suis jouer à l'ordinateur*
4. Il *~~se~~ est un train de jouer au foot*
5. Tu *est un entré*

29

LA VIE EN FRANCE

A. LES MATIÈRES DU COLLÈGE

1
a. Lis ces bulles et associe-les.

b. Dans quels cours on peut entendre ces phrases ?

(Français ? ☐ Maths ? ☐ Histoire ? ☐ Géographie ? ☐ Sciences de la vie et de la terre ? ☐ Musique ? ☐ Éducation physique et sportive ? ☐ Arts plastiques ? ☐)

1. Alors, vous savez qui est ce compositeur ?
2. Qui peut me dire qui est l'auteur des *Misérables* ?
3. $8 \times 8 = 54$? Vous êtes sûrs ?
4. Animal, végétal et ... ?
5. Alors, nous faisons deux équipes de joueurs !
6. Quels sont les caractéristiques du climat océanique ?
7. Vous savez le nom des trois pyramides de Guiseh ?
8. Un peintre impressionniste ?

a. Alexandre Dumas ? Non, Victor Hugo !
b. Minéral !
c. Moi, Moi ! Khéops, Kephren et Mikérinos !
d. Moi je crois que c'est Vivaldi !
e. Picasso ? Heu, non ! Monet !
f. Ah non, 64 !
g. Je peux prendre un ballon, madame ?
h. Des hivers, heu... doux ? Et des étés, heu... ?

1	2	3	4	5	6	7	8

B. LA JOURNÉE DES JEUNES FRANÇAIS

1 Teste tes connaissances. Vrai ou Faux ?

1. La pétanque fait partie des sports les plus pratiqués en France. ☐
2. Il y a très peu de consoles vidéo et d'ordinateurs en France. ☐
3. Les jeunes français aiment bien regarder la télé. ☐
4. Les jeunes français font beaucoup de roller. ☐
5. Les jeunes français se lèvent à huit heures en semaine. ☐
6. En France, les jeunes se couchent vers minuit. ☐
7. En France, les collégiens ont cours seulement le matin. ☐
8. Les jeunes n'ont pas de devoirs à faire à la maison. ☐
9. En France, les collégiens n'ont pas cours le mercredi après-midi. ☐
10. Certains collégiens ont cours le samedi matin. ☐

2 Écris quelques lignes pour parler des habitudes des jeunes de ton pays : loisirs fréquents (télé, sports...), activités de la semaine, horaires du collège...

Dans mon pays, les jeunes ....
....
....
....

APPRENDRE À APPRENDRE

TES ATTITUDES ET HABITUDES

Qu'est-ce que tu fais ?

1 Quand j'écoute,

   a) je panique si je ne comprends pas un mot

   b) je ne panique pas, je continue à écouter

   c) écouter ? Comment ?

2 Je relis la leçon à la maison.

   a) toujours   b) parfois   c) jamais

3 Si je ne sais pas écrire un mot,

   a) je l'invente

   b) je demande au professeur ou je le cherche dans le dictionnaire

   c) je demande à mon copain

4 Si je ne comprends pas ce qu'on me dit ou me demande...

   a) j'essaie de comprendre grâce au contexte

   b) je m'en fiche

   c) je demande avant de réfléchir

5 Je peux comprendre un texte sans comprendre tous les mots.

   a) toujours   b) parfois   c) jamais

6 J'essaie d'utiliser des méthodes différentes pour apprendre le vocabulaire.

   a) toujours   b) parfois   c) jamais

COMPTE TES POINTS

	a)	b)	c)
1.	1	2	0
2.	2	1	0
3.	0	2	1
4.	2	0	1
5.	0	1	2
6.	2	1	0

de 12 à 8 : C'est bien ! Tu as de bonnes attitudes et habitudes !

de 7 à 4 : Pas mal ! Mais tu peux faire quelques efforts, non ?

Moins de 4 : Quelle horreur !!! Lis les bonnes réponses et change d'habitudes !

POUR ALLER PLUS LOIN

TEST

TU ES EN PLEINE FORME LE MATIN ?

1 *Le matin ton père / ta mère t'appelle. Qu'est-ce que tu fais ?*

   a. Tu te lèves immédiatement.
   b. Tu te réveilles lentement et puis tu te lèves.
   c. Tu ne te lèves pas : tu es crevé(e).

2 *Qu'est-ce que tu dis à la première personne que tu vois le matin ?*

   a. Tu ne vois personne : tu as sommeil !
   b. Tu souris et tu dis « Bonjour » !
   c. Tu grognes !

3 Où est-ce que tu prends le petit-déjeuner ?

   a. Tu ne prends pas de petit déjeuner.
   b. Dans la voiture ou dans le bus.
   c. À table, avec ta famille.

4 Tu prends le petit déjeuner...

   a. En deux minutes.
   b. Tu ne prends pas de petit déjeuner.
   c. En 15 minutes.

5 Qu'est-ce que tu fais juste avant de prendre le petit déjeuner ?

   a. Tu te laves et tu t'habilles.
   b. Tu te réveilles.
   c. Tu fais tes devoirs.

6 Qu'est-ce que tu prends comme boisson ?

   a. Un jus de fruit et / ou du lait.
   b. Un chocolat ou un café au lait.
   c. Un Coca.

7 Et tu manges quoi ?

   a. Des biscuits.
   b. Des céréales et / ou des tartines.
   c. Des céréales et / ou des tartines, un yaourt et / ou un fruit.

8 Qu'est-ce que tu fais juste après le petit déjeuner ?

   a. Tu te laves les dents.
   b. Tu joues à la console vidéo.
   c. Tu fais tes devoirs.

COMPTE TES POINTS

	Q1	Q2	Q3	Q4	Q5	Q6	Q7	Q8
a.	2	2	1	2	3	3	1	3
b.	3	3	2	1	2	2	2	1
c.	1	1	3	3	1	1	3	2

de 24 à 18 : C'est bien ! Tu es en pleine forme le matin ! Plein(e) d'énergie pour commencer une journée bien remplie !

de 18 à 12 : Pas mal ! Mais tu peux faire quelques efforts, non ?

Moins de 12 : Sans commentaires !

UNITÉ 4 — Ma ville

DÉCOUVRE L'HISTOIRE

1 Regarde les dessins et complète les bulles avec les expressions suivantes :

Chouette !   Oui, il vaut mieux... !   J'en ai marre !   Ça y est !
On y va ?   Bonne idée !

2 a. Qui parle ? Relie les personnes et les phrases.

1. Vous pouvez faire un paquet cadeau, s'il vous plaît ?
2. Vous venez à ma fête d'anniversaire ?
3. Vous avez l'heure, s'il vous plaît ?
4. Vous voulez manger ?
5. Vous écoutez ?

a. Le prof aux élèves
b. Ta mère à toute la famille
c. Toi à un vendeur
d. Toi à tes copains
e. Toi à un adulte dans la rue

b. Pose des questions. Attention à *Tu* et à *Vous*.

1. Tu es à la maison avec tes copains. Demande s'ils aiment les jeux vidéo.

....

2. Tu n'as pas de feuilles. Demande des feuilles à ton professeur.

....

3. Tu répares ton vélo. Demande à ton père de t'aider.

....

ENTRAÎNE-TOI

1 La ville

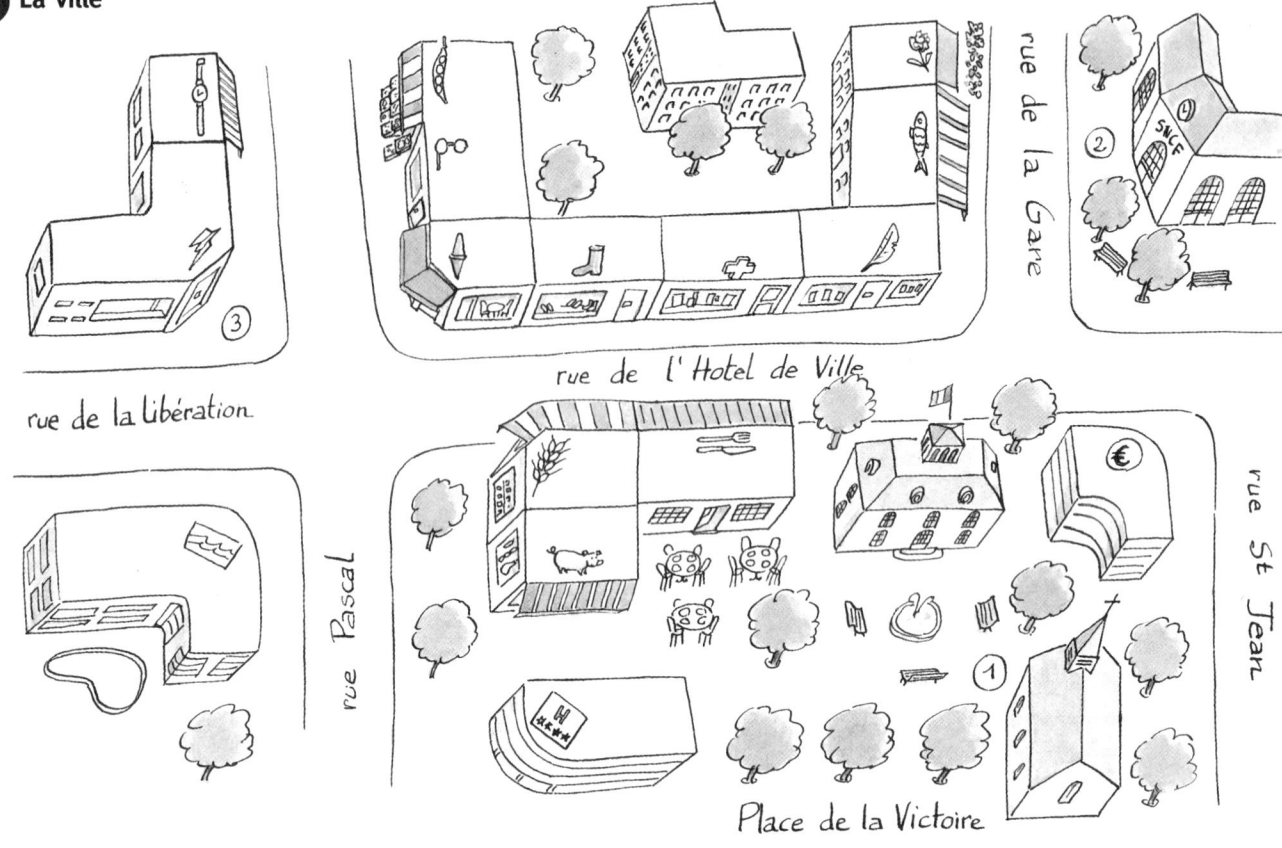

Observe le plan et complète les phrases comme dans l'exemple.

La boulangerie se trouve à côté de *la boucherie*.

1. La fontaine se trouve devant ....
2. La poste se trouve en face de ....
3. Le bureau de tabac se trouve à côté de ....
4. La poissonnerie se trouve entre .... et ....
5. L'église se trouve derrière ....

2 Itinéraires

a. Lis les indications, trace les itinéraires et dis où vont ces trois personnes.

N° 1 : " Traverse la place, passe devant l'hôtel et tourne à droite, traverse la rue de l'Hôtel de Ville, C'est après l'opticien, à droite ! D'accord ? " / Il va ....

N° 2 : " C'est facile ! Traversez la rue de l'Hôtel de Ville et après la mairie tournez à gauche. Traversez la place et c'est à droite ! " / Il va ....

b. Tu es chez le fleuriste. Donne des indications aux personnes suivantes.

1. Pardon, Monsieur ! Pour aller à la boucherie, s'il vous plaît ?

   ....
   ....

2. S'il vous plaît, je veux aller à la bijouterie !

   ....
   ....

ENTRAÎNE-TOI

3 a. Relie les éléments de chaque colonne pour faire des phrases logiques.

1. Je veux dormir
2. Ils veulent aller en ville
3. Nous voulons parler
4. Il faut faire un gâteau
5. Elle veut sortir avec Philippe
6. Vous voulez aller au cinéma

MAIS NOUS NE POUVONS PAS
MAIS ON NE PEUT PAS
MAIS VOUS NE POUVEZ PAS
MAIS JE NE PEUX PAS
MAIS ILS NE PEUVENT PAS
MAIS ELLE NE PEUT PAS

parce qu'il n'y a pas de bus.
parce qu'il faut faire les devoirs.
parce qu'il sort avec Marie.
parce que mon frère écoute de la musique.
parce qu'il n'y a pas de farine.
parce qu'il faut écouter le prof.

b. Complète ces phrases.

1. Je veux manger mais .... parce que ....
....
2. Il faut aller au supermarché mais .... parce que ....
....
3. Mon prof de français veut nous faire une interrogation mais ....
.... parce que ....
4. Mes parents veulent partir en août à la mer mais ....
parce que ....
5. .... mais .... parce que ....
....

4 a. Observe les dessins et fais des phrases en utilisant les verbes *pouvoir* et *vouloir*.

1. *Ils ne peuvent pas aller à l'école.*
2. ....
3. ....
4. ....
5. ....
6. ....

DÉCOUVRE LA GRAMMAIRE

Les articles contractés

1 a. Relie les articles contractés et les lieux.

au / à la / à l' / aux

église / boulangerie / hôtel / toilettes / stade / cinémas Pathé

b. Complète le tableau.

Articles contractés (à + définis)	Masculin	Féminin
Singulier	Je vais .... stade. Je vais **à l'**..........	Je vais .... poste. Je vais **aux** ....
Pluriel	Je vais **aux**	Je vais **aux** ....

2 Fais des phrases comme dans l'exemple.

des matchs → *On peut voir des matchs au stade.*

1. le train → *On peut prendre* ....
2. du pain → *On peut acheter* ....
3. des timbres → ....
4. des livres → ....
5. des films → ....

Les prépositions

3 Regarde comment sont placées ces personnes et complète les phrases avec *à droite de*, *à gauche de*, *entre*, *devant*, *derrière* et *en face de*.

1. Stéphanie est .... Marc et Sophie.
2. Anne-Marie est .... Marc.
3. Valérie est .... Lise.
4. Pascal est .... Anne-Marie.
5. Laurent est .... Lise.
6. Ils sont tous .... l'écran.

4 Souligne la préposition correcte.

La bibliothèque est <u>à côté</u> / *derrière de la poste.*

1. La mairie est   sur / en face de   la place.
2. La boulangerie est   à gauche / devant   de la librairie.
3. La piscine est   entre / à droite   la banque et le gymnase.
4. Le magasin de chaussures est   à côté / dans   la rue Pasteur.
5. L'église est   devant / près   du parc.

DÉCOUVRE LA GRAMMAIRE

Tu / Vous

5 Transforme les phrases en utilisant « vous » comme dans l'exemple.

Tu habites en France ?   Vous habitez en France ?
1. Tu veux aller au cinéma ce soir ?   *Vous voulez allez*
2. Tu n'aimes pas ce CD ?   *Vous n'aimez pas*
3. Tu peux acheter le pain, s'il te plaît ?   *Vous voulez achetez*
4. Tu as sommeil ?   *Vous avez sommeil*

L'impératif

6 Mets les phrases suivantes à l'impératif.

Tu vas à la boulangerie ! → Va à la boulangerie !
1. Tu prends la première à droite ! → *prend la*
2. Vous allez à la mairie ! → *aller à la*
3. Tu continues tout droit ! → *continue*
4. Vous passez devant la poste ! → *passer*
5. Tu prends un parapluie. → *prend*

7 a. Dis où tu peux entendre ces phrases et complète avec des impératifs.
b. Complète avec des impératifs.

.... : (Mettez) .... le timbre en haut à droite.
→ À la Poste : Mettez le timbre en haut à droite.

1. .... : (Prendre) .... une pastille 2 deux fois par jour.
2. .... : (Ne pas manger) .... dans la salle, c'est interdit !
3. .... : (Regarder) .... ce plan, il est très clair !
4. .... : (Goûter) .... cette tarte, elle est délicieuse !
5. .... : (Ne pas oublier) .... votre billet et votre réservation !

8 Complète avec le verbe *pouvoir*.

1. Tu *peux* m'aider, s'il te plaît ?
2. Vous *pouvez* aller au centre commercial cet après-midi.
3. Tes copains *peuvent* t'accompagner.
4. On ne *peut* pas sortir samedi.
5. Nous *pouvons* regarder les dessins animés.

9 Complète en utilisant la forme correcte du verbe *vouloir*.

1. Vous *voulez* jouer au foot ?
2. Je ne *veux* pas me coucher tard.
3. Elles ne *vont* pas rester à la maison.
4. Tu .... venir avec moi ?
5. On .... sortir.
6. Nous ne .... pas faire les devoirs.

LA VIE EN FRANCE

2. Les Galeries Lafayette

Les Galeries Lafayette sont les grands magasins les plus emblématiques de France. On peut y acheter de tout : vêtements, meubles, voyages, billets de concerts, de théâtre, de spectacles, etc. Voici quelques services que ce magasin de Paris vous offre.

BUREAU D'ACCUEIL
Des interprètes sont là pour vous aider. Elles parlent toutes l'anglais et d'autres langues étrangères : l'italien, l'espagnol, l'allemand, le russe, le japonais …

ESPACE LAFAYETTE INTERNATIONAL
C'est une sélection de produits cadeaux destinés aux clients étrangers qui ont peu de temps pour faire leurs achats.
Souvenirs de Paris – tee-shirts, sacs, cartes postales, cadeaux de musées français …– Change

ESPACE INTERNET
Venez vous connecter sur le web. Coût de la connexion 15 centimes la minute.

RESTAURANTS
Les Galeries ont huit restaurants, parmi eux nous vous recommandons :

Angélina À l'heure du déjeuner, Angélina vous offre un assortiment de salades et de desserts… Et à l'heure du thé, vous pouvez goûter ses célèbres pâtisseries et gâteaux, différents thés et le fameux chocolat « L'Africain ».

Café Sushi Le Café Sushi, avec vue sur les toits de Paris, vous offre des spécialités japonaises.

MacDonald's Situé à l'espace jouets, il est spécialement pensé pour les enfants. Le restaurant est équipé d'un McCafé qui propose chocolats, thé, pâtisseries et gâteaux américains.

---

a. Vrai ou faux ?

1. Les Galeries Lafayette sont un musée. ☐
2. Les interprètes sont des hommes. ☐
3. Dans l'Espace International, les étrangers peuvent acheter des produits typiquement français. ☐
4. Dans l'Espace International, on peut changer de l'argent. ☐
5. Au restaurant Angélina, on peut manger des hamburgers. ☐
6. On peut manger des gâteaux dans deux restaurants. ☐

b. Cherche les noms dans les textes et dis s'ils sont masculins ou féminins.

Verbes	Noms (substantifs)	Verbes	Noms (substantifs)
meubler	meubles (masculin)	sélectionner	....
acheter	....	produire	....
jouer	....	connecter	....
voyager	....	coûter	....

APPRENDRE À APPRENDRE

Parler et prononcer.

1 **Vrai ou Faux ?**

1. J'évite de parler dans ma langue en classe. ☐
2. J'écoute attentivement les cassettes et le professeur. ☐
3. Je parle le plus possible. ☐
4. À la maison, je relis les textes à voix haute. ☐
5. J'écoute des chansons françaises à la maison. ☐
6. J'imite les phrases du livre et du cahier d'exercices. ☐

Donne-toi un point pour chaque « Vrai ».

> **de 6 à 4 « Vrais » :** C'est très bien ! Tu vas bien parler français !
> **de 3 à 2 « Vrais » :** C'est pas mal, mais tu peux encore faire des progrès. Essaie de suivre les recommandations.

2 **Lis ces poèmes à haute voix.**

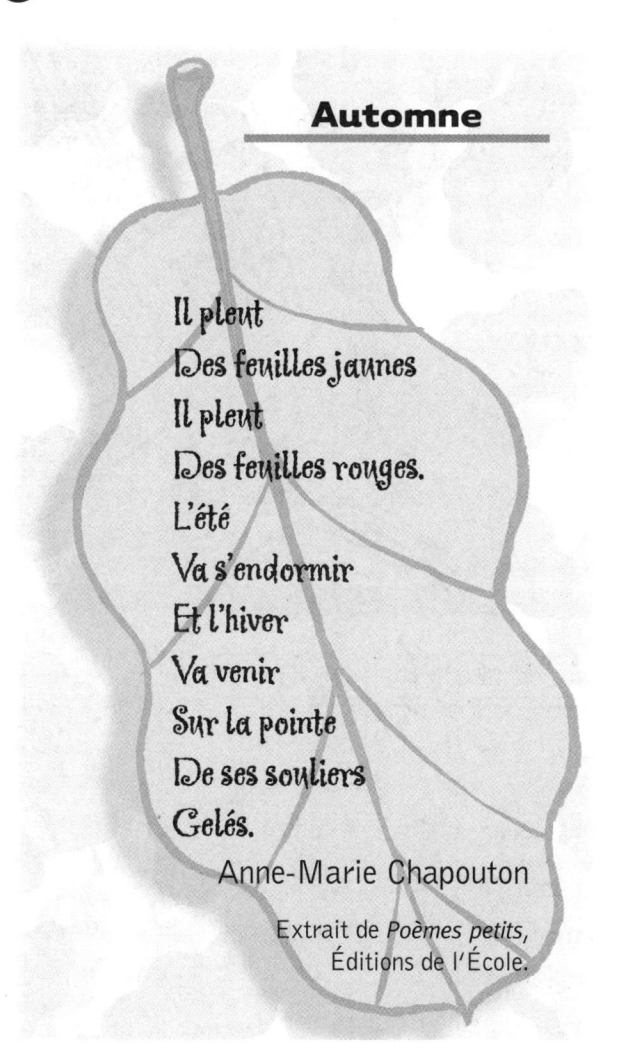

Automne

Il pleut
Des feuilles jaunes
Il pleut
Des feuilles rouges.
L'été
Va s'endormir
Et l'hiver
Va venir
Sur la pointe
De ses souliers
Gelés.

Anne-Marie Chapouton

Extrait de *Poèmes petits*,
Éditions de l'École.

Pomme et poire

Pomme et poire
Dans l'armoire

Fraise et noix
Dans le bois

Sucre et pain
Dans ma main

Plume et colle
Dans l'école

Et le faiseur de bêtises
Bien au chaud dans ma chemise.

Luc Bérimont

Extraits de *Comptines pour les enfants d'ici, et les canards sauvages*,
Éditions Saint-Germain-des-Prés.

POUR ALLER PLUS LOIN

1 Associe les bulles aux réponses.

Bulles : 1, 2, 3, 4, 5, 6, 7, 8, 9, 10

Réponse 1 : b

a. Ici, au numéro 15.
b. Ah non ! Il va à la bibliothèque municipale !
c. Midi !
d. C'est juste après la rue de la Harpe !
e. À la piscine !
f. Désolée, je n'ai pas le temps !
g. Non, ma femme est à la boucherie !
h. Ben, tu sais bien que je travaille à la Poste !
i. À midi.
j. Devant le cinéma, à 16 heures.

Auto-évaluation Unités 3 et 4

LE VOCABULAIRE

1 Écris les heures. — 4 points

1. ....
2. ....
3. ....
4. ....

2 Complète les phrases avec les verbes suivants. — 6 points

rentrer — faire — prendre — sortir — se coucher — lire

1. Mon frère aime .... avec ses copains.
2. Je .... ma douche le soir.
3. On .... de la natation le vendredi.
4. Ma sœur .... à dix heures.
5. Je .... à la maison à dix-sept heures.
6. Mon père aime .... des revues.

3 Retrouve les paires. Écris les mots avec des articles définis. — 5 points

(banque) / cinéma / médicaments / boulangerie / gare / stade / sport / office du tourisme
discothèque / plans / bibliothèque / livres / (argent) / pharmacie / films / pain / trains / musique

la banque / l'argent   .... / ....
.... / .... / ....
.... / .... / ....
.... / .... / ....

4 Observe les dessins et dis ce qu'ils sont en train de faire. — 4 points

1. Il ....
2. Elles ....
3. Elle ....
4. Ils ....

LA COMMUNICATION

5 Réponds aux situations. — 4 points

1. Qu'est-ce que qu'il y a ? Tu es fatigué ? → Oui, ...
2. Je ne peux pas t'emmener au collège demain. Mets le réveil à 6 heures ! → .... !
3. On va faire un tour ? → .... !
4. Tu es prête ? On peut partir ? → ....

Auto-évaluation Unités 3 et 4

6 Décris la journée de Daniel.   5 points

....
....
....

7 Complète ces phrases avec des verbes à l'impératif.   4 points

– Tu veux aller où ? À la piscine ? Alors .... (tourner) dans la première rue à droite et .... (aller) tout droit ; .... (traverser) la place et .... (passer) devant l'office du tourisme. .... (prendre) la rue à gauche, ... (continuer) tout droit pendant 200 mètres et c'est là.

b. Fais la même chose, mais cette fois, tu t'adresses à un adulte.   3 points

– Vous voulez aller où ? À la piscine ? Alors ....
....
....
....

8 Complète avec pouvoir ou vouloir, conjugués à la bonne forme.   3 points

1. Je .... bien aller à la patinoire, mais ma mère ne .... pas nous emmener : la voiture est au garage.
2. Nous ne .... pas aller à ta fête d'anniversaire, parce que nos parents ne .... pas nous laisser sortir le soir !
3. Vous ne .... pas rester : notre mère est malade et elle ne .... pas se lever du lit.

LA CULTURE

9 Réponds aux questions.   3 points

a. Quel jour les jeunes français n'ont pas cours l'après-midi ? ....
b. Qu'est-ce qu'on dit pour interpeller une personne dans la rue et lui demander poliment un itinéraire ?
    ....
c. Quel est le synonyme d'« Hôtel de ville » ? ....

Total : 40 points

COMPTE TES POINTS ET DIS SI TU SAIS :

- dire l'heure
- parler de ta journée
- parler de ton quartier
- compter de 60 à 100
- donner un conseil ou un ordre
- situer dans l'espace
- tutoyer et vouvoyer
- exprimer la volonté et la possibilité

UNITÉ 5 — C'est du passé

DÉCOUVRE L'HISTOIRE

1 Relis l'histoire de la page 64 du livre.

a. Qu'est-ce que c'est ?

1 une F _ _ _ _
2 un P _ _ _ _ _ _ _
3 une R _ _ _ _ _ _ _ _
4 un C _ _ _ _ _
5 la G _ _ _ _ _ _ _ _ _ _

b. Remets les phrases dans l'ordre.

1. une randonnée / en forêt / Paul / avec ses copains / L'an dernier / a fait

   ....

2. un très bon sens / Paul / de l'orientation / avoir / pense

   ....

3. mais / a marché / il n'a pas retrouvé / pendant des heures / son chemin / Paul

   ....

2 Au téléphone.

a. Dis qui dit chaque phrase : A (la personne qui appelle) ou B (la personne qu'on appelle).

		A	B
1	Un instant, s'il vous / te plaît !		✓
2	Qui est à l'appareil ? / C'est de la part de qui ?		✓
3	Ne quitte / quittez pas !	✓	✓
4	Attends, je te le / la passe ! / Un instant, ne raccroche pas !	✓	✓
5	Je peux laisser un message ?	✓	
6	Est-ce que je peux parler à Laurent, s'il vous / te plaît ? = Est-ce que Laurent est là, s'il vous plaît ?		✓
7	Je suis désolé/e mais il vient de sortir !		✓
8	C'est François à l'appareil !		✓

b. Complète la conversation suivante.

B - Allô ?

A - *Allô*... ? Bonsoir madame Boulanger ! C'est Cathy ! Est-ce que Laurence *est là*, s'il vous plaît ?

B - Bonjour, Cathy ! Je suis *désolée*, mais Laurence n'est pas là, elle est au cinéma avec sa sœur !

B - Ah !

A - Tu veux *laisser un message*

B - Heu, non, merci. Ce n'est pas urgent, je la vois demain au collège ! Merci.

A - De rien ! Au revoir, Cathy.

ENTRAÎNE-TOI

1 Participes en vrac.

a. Retrouve les treize participes passés cachés dans la grille.

A	I	D	É	V	A	
D	O	R	M	I	C	
E		E		S	H	V
M		G	F	I	E	O
A	F	A	I	T	T	Y
N	P	R	N	É	É	A
D	R	D	I	V	U	G
É	I	É	J	O	U	É
	S	D	O	N	N	É

b. Écris-les et trouve leur infinitif.

Verticalement :

demandé → demander / ....

....

....

....

....

Horizontalement :

....

....

....

....

....

2 Méli-mêlo.

Place les verbes corrects dans les bulles et conjugue-les au passé composé.

acheter / aider / dormir / faire / finir / passer / voir / voyager

— Dimanche, j'ai dormi jusqu'à 11 heures

— Ça y est, j'ai fini mes devoirs

— J'ai aidé mon père à réparer la voiture !

— Merci, nous avons passé une très bonne soirée !

— J'ai acheté le journal !

— Mes parents ont voyagé dans le monde entier !

— Nous, on a vu un film génial !

— Ce week-end j'ai fait du parachutisme !

43

ENTRAÎNE-TOI

3) Voici l'agenda de Cécile où elle écrit tout ce qu'elle doit faire pendant la journée. À partir des dessins suivants, raconte ce qu'elle a fait. (Et ce qu'elle n'a pas fait !)

Samedi 6 juin
- petit-déjeuner 9 heures
- téléphoner Carine
- prendre argent
- acheter cadeau papa
- acheter pantalon
- faire gâteau anniversaire papa
- mettre la table
- déjeuner en famille !

....
....
....
....
....

4) Quel week-end !
Complète les bulles.

Tu as déjeuné ? Tu as rangé ta chambre ? Tu as fait tes devoirs ? Alors, va aider ton père à mettre la table !

Vous ....
....
....

Quel week-end ! Ce matin, j'ai déjeuné, après j'ai rangé ma chambre et j'ai fait mes devoirs. Puis j'ai aidé mon père à mettre la table !

Ce matin, on ....
....
....

Vous ....
....

Ce matin, on ....
....

DÉCOUVRE LA GRAMMAIRE

Le passé composé

1 a. Remets ces phrases dans l'ordre.

a. la / regardé / Elle / télé / a. → ....

b. vos / téléphoné / à / avez / parents / Vous ? → ....

b. Conjugue l'auxiliaire *avoir* au présent.

J'............................... Il / Elle / On .... Vous ....

Tu .... Nous .... Ils / Elles ....

2 Complète avec le pronom adéquat.

1. Hier, ... ai déjeuné chez Solène.
2. .... avez acheté un souvenir pour Pierre ?
3. .... ont visité la cathédrale.
4. .... a joué au foot avec nous.

3 Mets les phrases suivantes au passé composé.

Cette année, je visite la Grèce ; l'année dernière *j'ai visité l'Italie.*

1. Aujourd'hui, nous déjeunons à la maison, hier .... au restaurant.
2. Ce soir, on regarde un film, hier .... un documentaire.
3. Cet après-midi tu joues au Monopoly, hier .... au Scrabble.
4. Cette semaine, elle chante en concert, la semaine dernière .... à la télé.

Le participe passé

4 Complète les phrases avec les verbes entre parenthèses au passé composé.

1. Ils .... (finir) de manger ?
2. Qui .... (téléphoner) ?
3. Tu .... (voir) le film *Le Fabuleux Destin d'Amélie Poulain* ?
4. Quel bus tu .... (prendre) pour venir ?

La négation

5 Remets ces phrases dans l'ordre.

1. n' / ce / pas / Tu / vu / film / as ? → Tu n'as pas vu ce film
2. de / n' / cours / pas / On / eu / a / maths. → On n'a pas de cours maths
3. déjeuné / pas / la / Je / à / n' / cantine / ai. → Je n'a pas déjeuné a la cantine
4. pas / es / vacances / n' / parti / Tu / en ? → Tu n'es parti pas en vacance

DÉCOUVRE LA GRAMMAIRE

6. Mets les phrases au passé composé négatif.

Tu manges ? → *Tu n'as pas mangé ?*

1. Tu prends le train de six heures. → tu n'as pas pris
2. Vous faites cette randonnée. → Vous n'avez pas
3. Ils visitent le sud de la France. → Ils n'ont pas visité
4. Elle range sa chambre. → elle n'a pas rangé
5. Tu finis ton dessert. → tu n'as pas fini

7. Qu'est-ce qu'ils ont fait pendant leur voyage en Italie ? Et qu'est-ce qu'ils n'ont pas fait ?

1. *Nous n'avons pas pris le train, nous avons pris l'avion.*
2. nous n'avons pas mangé le pizza, nous mangez
3. nous n'avons pas fait du vélo, nous des pasta
4. nous n'avons pas jouer au voleball, nous jouer du foot

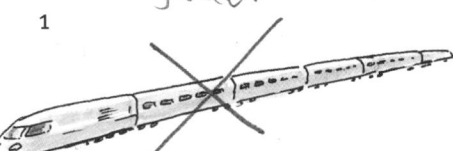

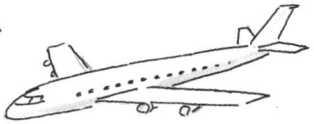

Les adjectifs possessifs

8. Souligne le mot incorrect.

1. Ma / Notre / Son sœur ne part pas en vacances.
2. J'écris une lettre à mes / tes / son parents.
3. Tu as notre / ma / son adresse ?
4. C'est mon / tes / sa anniversaire.
5. Madame, c'est ta / votre / ma valise ?

9. Complète les phrases suivantes avec un adjectif possessif.

1. Les Duchamp passent .... vacances en Suisse.
2. Nous avons laissé .... valises à l'hôtel.
3. Vous avez téléphoné à .... parents ?
4. Pardon Madame, ... voiture est devant mon garage !
5. Mes cousins ? Je garde .... chien pendant les vacances.

LA VIE EN FRANCE

UNE IDÉE POUR LE WEEK-END !

1 Lis le texte et réponds aux questions.

La vie de château

Comme tous les ans depuis 1998, cinquante-cinq sites historiques ouvrent leurs portes à tous les enfants de 6 à 16 ans et proposent des jeux et des animations.

Cet événement, appelé "Monument jeu d'enfant", permet de s'amuser, mais aussi de comprendre la vie de nos ancêtres et leur époque.

Par exemple, au château du Haut-Koenigsbourg, on cuisine comme au Moyen-Âge ; au château de Castelnau-Bretenoux, on écoute des contes et des chansons de troubadours ; à Châteauneuf-en-Auxois, on apprend à utiliser l'épée et le bouclier comme un vrai chevalier ; à la cité de Carcassonne, on taille la pierre. Et dans la grotte préhistorique de Gorge d'Enfer, on apprend à faire du feu.

Et à chaque fois, l'après-midi se termine par un goûter.

"Monument jeu d'enfant", Renseignements au 01 44 61 21 50.
Sur Internet, le centre des monuments nationaux propose des images animées sur les plus beaux sites de France. Clique sur la rubrique "pour les enfants" pour jouer et apprendre l'histoire.

D'après www.lesclesjunior.com

A. Choisis la réponse correcte :

a. Ce texte est extrait :

☐ d'un livre d'histoire ☐ d'un journal ☐ d'une page web

b. Quels monuments historiques ouvrent leurs portes ?

☐ seulement les châteaux ☐ 55 monuments ☐ tous les monuments historiques de France

c. Le but de cet événement est de :

☐ gagner de l'argent grâce à la vente des entrées aux châteaux
☐ montrer aux enfants les habitudes de leurs ancêtres
☐ donner un après-midi de libre aux parents

B. Souligne dans le texte les passages illustrés par ces dessins.

2 Est-ce que cet événement te semble une bonne idée ? Pourquoi ?

....
....
....

APPRENDRE À APPRENDRE

AUTO-ÉVALUE TES PROGRÈS

1) Ce trimestre, j'ai travaillé :

☐ beaucoup, tous les jours
☐ assez, régulièrement
☐ pas beaucoup, de temps en temps
☐ pas du tout, jamais

2) Si je considère mes possibilités, mon niveau est :

☐ élevé, j'ai beaucoup travaillé ce trimestre
☐ élevé, mais je n'ai pas assez travaillé ce trimestre
☐ élevé, mais je n'ai rien fait ce trimestre
☐ moyen, mais j'ai beaucoup travaillé ce trimestre
☐ moyen, mais je n'ai pas assez travaillé ce trimestre
☐ bas, mais j'ai beaucoup travaillé ce trimestre
☐ bas, parce que je n'ai pas assez travaillé ce trimestre

3) J'évalue mes progrès de ce trimestre par rapport au trimestre précédent :

		+	=	−
1	La correction de ma prononciation.			
2	La rapidité de mon expression orale.			
3	La conjugaison de mes verbes.			
4	La construction des mes phrases.			
5	La richesse de mon vocabulaire.			
6	Ma compréhension orale.			
7	Ma compréhension écrite.			
8	L'organisation de mon cahier.			
9	La présentation de mon cahier.			
10	Mon attitude en classe.			

4) Ce que je pense faire, pendant les vacances, pour améliorer mon niveau de français :

☐ relire mes leçons
☐ utiliser le dictionnaire
☐ chanter des chansons
☐ refaire des exercices de mon cahier ou de mon livre
☐ me faire un carnet de vocabulaire
☐ écouter le CD / la cassette de mon livre
☐ lire en français (des revues pour jeunes, des bandes dessinées...)
☐ ....

49

POUR ALLER PLUS LOIN

1 Associe les deux colonnes.

1. faire les magasins
2. aller au cinéma
3. s'entraîner
4. faire une boum
5. se reposer
6. faire la grasse matinée
7. se promener
8. cuisiner
9. regarder la télévision
10. faire le pont

a. faire du sport
b. dormir tard
c. avoir trois ou quatre jours de vacances
d. acheter
e. préparer à manger
f. voir un film
g. s'amuser
h. voir un film
i. rester à la maison
j. prendre l'air

2 Écris une expression de l'exercice 1 sous chaque dessin.

a 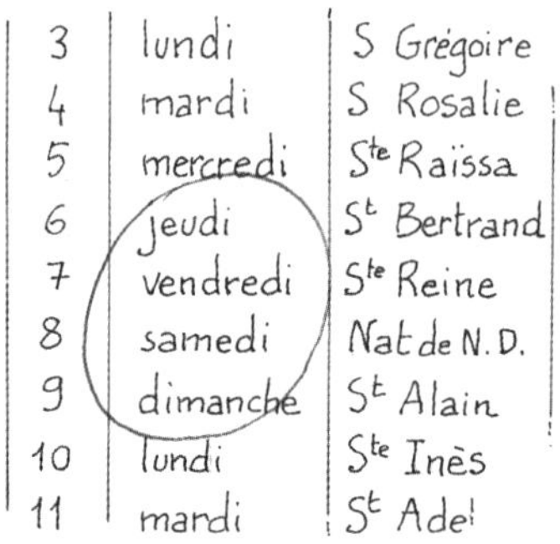 .... b  .... c ....

d  .... e  .... f ....

g ....

3 Fais une liste des choses que tu aimes faire pendant ton week-end.

....
....
....
....

UNITÉ 6
Les vacances

DÉCOUVRE L'HISTOIRE

1 a. Complète les bulles avec les expressions suivantes :

- Quelle chance !
- C'est pas vrai !
- Des tas de choses !
- La barbe !
- Vite !

Bulles :
- Qu'est-ce qu'on peut faire ?
- *Des tas de choses*
- *Vite !* le prof est là !
- Je vais en Italie cet été.
- *Quelle chance*
- Le bus ! *C'est pas vrai*
- *La barbe* / On ne peut pas partir en vacances : papa a du travail !

2 a. Remets en ordre les expressions de la date. Imagine qu'aujourd'hui on est mercredi 30 mai.

| le 28 mars | aujourd'hui | samedi | dans 2 jours | demain |
| dans un mois | lundi prochain | après demain | dans trois semaines | le 21 juillet |

Aujourd'hui → ....

.... le 21 juillet

b. Réponds aux questions.

Ton anniversaire, c'est quand ? *Le 25 juillet / Dans deux mois*

1. Quand commencent les vacances d'été ?
....

2. C'est quand l'anniversaire de ta mère ?
....

3. Samedi, c'est dans combien de jours ?
....

ENTRAÎNE-TOI

1 De quel pays il s'agit ? Complète avec les articles *le, la, l'* ou *les*.

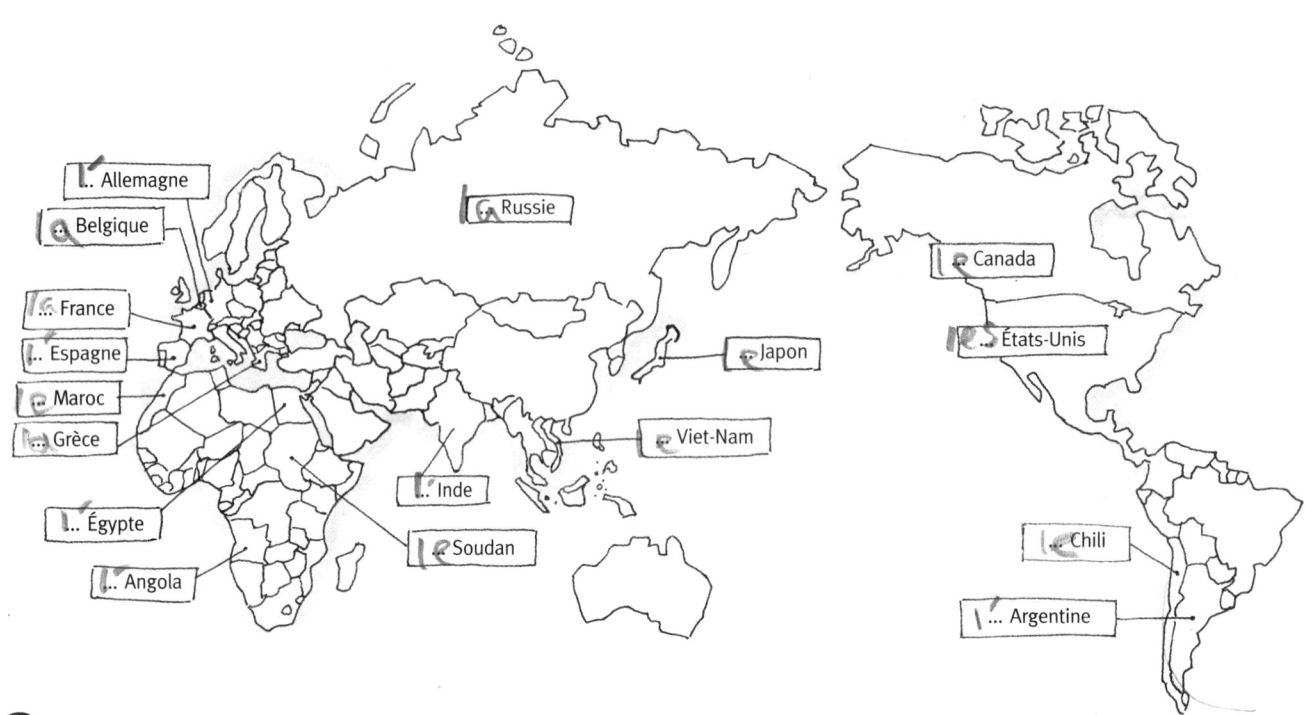

l'.. Allemagne
la.. Belgique
la.. France
l'.. Espagne
le.. Maroc
la.. Grèce
l'.. Égypte
l'.. Angola
la.. Russie
le.. Japon
l'.. Inde
le.. Soudan
le.. Viet-Nam
le.. Canada
les.. États-Unis
le.. Chili
l'... Argentine

2 Où ils vont ? Observe les photos et écris des phrases.

1. *Je vais en Espagne.*
2. Mireille ....
3. Victor et Gérard vont en Italie (à Pise)
4. Virginie va en Angleterre (à Londres)
5. Nous allon
6. Tu vais la montagne

3 Choisis le mot correct.

Nous, on reste à / <u>à la</u> / la *maison.*

1. Nous allons à la / au / du bord de la mer.
2. On visite le / des / de les monuments.
3. J'aime connaître la / du / des gens.
4. On fait du / de la / le camping.

52

ENTRAÎNE-TOI

4 Réponds aux questions.

1. Où est-ce que tu vas cet été ?
   Je vais aux Canada

2. Avec qui ?
   avec mon père

3. Qu'est-ce que tu vas faire ?
   Je vais jouer au tennis.

5 Quel temps fait-il ?

a. Relie les symboles et les phrases.

1. Il fait beau. [c]
2. Il y a des nuages. [e]
3. Il y a du vent. [h]
4. Il fait chaud. [b]
5. Il y a du brouillard. [g]
6. Il fait froid. [a]
7. Il neige. [d]
8. Il pleut. [f]

b. Dans quelle circonstances peut-on entendre ces phrases ?

On ne voit rien ! → *Quand il y a du brouillard.*

1. Brrrrrr ! → *Il fait très froid*
2. Oh regarde ! C'est tout blanc ! → *quand Il neige*
3. Prends ton parapluie ! → *Il pleut*
4. Hum ! Je crois qu'il va pleuvoir ! → *Il fait froid quand Il y a de nuages*
5. Oh ! J'ai soif ! → *quand il fait chaud*

6 Qu'est-ce qu'ils ont fait pendant leurs vacances ?
Observe ces dessins et écris une carte postale.

Brest, le 21 juillet

Chère Julie,

Vincent et David.

53

DÉCOUVRE LA GRAMMAIRE

Le futur proche

1 Remets les phrases dans l'ordre.

musées / va / Michelle / en / visiter / des / juillet
Michelle va visiter des musées en juillet.

1. municipale / jours / Je / à / piscine / tous / les / vais / la / aller

   ....

2. vont / été / pas / en / Ils / ne / vacances / cet / aller

   Ils ne vont pas aller

3. du / vas / Pyrénées / faire / les / Tu / dans / ski

   Tu vas faire du ski dans Pyrénées

4. la / rester / ne / année / va / Elle / à / cette / maison / pas.

   Elle ne ve pas rester a la maison cette année

2 a. Relie les deux colonnes pour conjuguer le verbe *aller*.

Je	allons
Tu	va
Il / Elle	vont
On	vas
Nous	allez
Vous	vais
Ils / Elles	va

b. Qu'est-ce qu'ils vont faire cet été ?

1. Ma mère *va travaille*
2. Ils *vont construire la tente*
3. Nous *alons faire du natation*
4. Je *vais visite mon grand parent*
5. On *vas passer un courant*
6. Tu *vas écrire un lettre*
7. Mes parents ne *sont pas a Lyon*

54

Découvre la grammaire

Les prépositions

3 Complète avec la bonne préposition.

1. Mon oncle travaille ...à... Washington, ...aux... États-Unis.
2. Cet été, on va ...à... Buenos-Aires, ...en... Argentine.
3. L'an dernier, on a voyagé ...à... Athènes, ...en... Grèce.
4. Nous, on va ...à... Madrid, ...en... Espagne.
5. Mes parents veulent aller ...à... Casablanca, ...au... Maroc.

4 Complète avec un article ou une préposition.

1. ...La... Suisse est un pays très montagneux !
2. Mon père va travailler deux mois ...à... Dallas, ...au... Texas.
3. Cet été, on va ...à... Bruxelles ...—... Belgique.
4. C'est vrai que ...les... Philippines sont une ancienne colonie espagnole ?
5. Moi, je vais en vacances ...à... Berlin. ...L'... Allemagne est un pays très joli !

Les mots interrogatifs

5 Complète les questions avec *quel / quelle / quels / quelles*.

1. Tu prends ...quel... train ?
2. Tu vas dans ...quels... pays ?
3. ...quelles... choses tu aimes manger ?
4. ...quels... vêtements tu emportes ?
5. Tu pars ...quel... jour ?
6. ...quelle... valise tu prends ?

6 Retrouve les mots interrogatifs manquant.

1. – ...Quand... est-ce que vous rentrez ?
   – Le 30 juillet !
2. – ...Avec qui... vous partez ?
   – Avec mon oncle et ma tante.
3. – ...Où... est-ce que vous allez ?
   – En Égypte !
4. – ...Quels... monuments vous allez visiter ?
   – Les pyramides, la vallée des rois, le barrage d'Assouan…
5. – ...Combien... de temps est-ce que vous partez en vacances ?
   – Quinze jours.

LA VIE EN FRANCE

L'ÎLE DE RÉ

1) Combien ? Lis le texte rapidement et cherche :

1. le nombre de personnes qui habitent à l'île de Ré : ....
2. le nombre d'heures où le soleil brille chaque année : ....
3. le nombre de kilomètres de plage : ....
4. le nombre de kilomètres de chemins qu'on peut faire à vélo : ....

Située sur la façade atlantique, près de la ville de La Rochelle, l'île de Ré compte 15 000 habitants. Avec 25 000 heures de soleil par an, c'est un lieu de vacances apprécié, spécialement par les Parisiens. On peut faire beaucoup de choses ; bronzer sur ses 70 kilomètres de plage, faire du vélo sur ses 100 kilomètres de pistes cyclables, visiter sa réserve naturelle et voir des milliers d'oiseaux, se balader dans ses forêts, visiter ses châteaux, ses églises romanes et ses vestiges préhistoriques et gallo-romains... Les sportifs peuvent faire de l'équitation, de la pêche en mer, de la voile et jouer au golf ou au tennis. Et si on veut, on peut faire un tour en bateau, voir les championnats de voile et régates ou visiter le Phare des Baleines. En été, tout le monde s'amuse aux fêtes ; on regarde les feux d'artifices, on parle, on danse, on se fait de nouveaux copains ...

2) Vrai ou faux ?

1. L'île de Ré est sur la Méditerranée.
2. Elle est à côté de la ville de La Rochelle.
3. Les Parisiens aiment passer leurs vacances à l'île de Ré.
4. On ne peut pas visiter de monuments à l'île de Ré.
5. Si tu est sportif, l'île de Ré n'est pas intéressante.

3) Observe les dessins et trouve les mots correspondants.

....

APPRENDRE À APPRENDRE

LIRE

1 Lis les recommandations pour mieux comprendre les textes.

- Observe le titre et les dessins.
- Lis le texte en entier rapidement.
- Lis le texte plus lentement.
- Associe les mots aux illustrations.
- Cherche les mots qui ressemblent à des mots de ta langue.
- Utilise le contexte pour deviner le sens global du texte et des mots que tu ne connais pas.
- Cherche les mots que tu ne comprends pas dans le dictionnaire ou demande à ton professeur (lis le texte deux ou trois fois avant de chercher les mots dans le dictionnaire).

Halloween : la fête des esprits

2 Réponds aux questions dans ton cahier.

1. Observe le titre et les dessins. Écris deux ou trois mots dans ta langue qui ont une relation avec le sujet.
2. Lis le texte deux fois en entier : rapidement, puis lentement.
3. Observe les dessins. Que veut dire « citrouille » ? Et « sorcière » ?
4. Est-ce que tu comprends les mots soulignés ? Est-ce qu'ils ressemblent à des mots de ta langue maternelle ?
5. Devine le sens des phrases et des mots en italique.
6. Cherche les mots **en gras** dans le dictionnaire.
7. Tu as presque tout compris ?

Tous les 31 octobre, nous sommes envahis par les fantômes, sorcières et autres vampires. Tout a commencé en Irlande, il y a plus de 3 000 ans. Chez les Celtes, la fin des **récoltes** marquait le nouvel an. L'occasion d'une grande fête ! On préparait une *place* à table pour les esprits des morts de l'année. Et la citrouille ? On doit cette légende à un certain Mister Jack. **Trop** avare pour entrer au paradis, trop malicieux pour aller en enfer, il fut condamné à errer sur terre avec sa lanterne sculptée dans une citrouille, jusqu'à la fin des temps.
À la fin du XIXᵉ siècle quand de nombreux Irlandais ont émigré en Amérique, Halloween est devenu une fête des enfants. Dans le pays, les enfants **se déguisent** en monstres et les rues se remplissent comme pour un carnaval. En Europe ou en Amérique du Sud, c'est surtout la télévision qui nous a habitués à ces **coutumes**. Des séries à **succès** comme Beverly Hills, Les Simpsons, Le Prince de Bel Air, etc. **consacrent** toutes au moins un épisode par an à Halloween. Même si on fête les morts, c'est **rigolo** ! Qu'est-ce que tu en penses ?

POUR ALLER PLUS LOIN

a. Observe les dessins et complète les phrases.

Pendant les vacances, je vais...

1. .... à l'étranger.
2. faire du ....
3. rendre .... à mes grands-parents.
4. aller au bord de la ....
5. aller à ....'........................
6. .... à la maison.
7. faire du ....
8. .... des musées.
9. .... à la piscine ou dans la mer.
10. faire du ....
11. aller à la ....
12. ....
13. faire de l' ....
14. faire de la ....
15. faire du ....

b. Place les mots dans la grille.

c. Découvre le mot caché verticalement.

Auto-évaluation Unités 5 et 6

LE VOCABULAIRE

1 Au téléphone. Complète les mini-dialogues. *3 points*

1. – .... ?
   – Désolée, il n'est pas là !
2. – Est-ce que je peux laisser un message ?
   – .... !
3. – ....
   – De rien. Au revoir !

2 Complète chaque phrase avec un des mots de la liste. *5 points*

bandes dessinées / valise / la montagne / du vélo / visiter / du tourisme / rendre visite
des romans / quai / la mer

1. Cette année, je vais en vacances à .... : je vais me baigner tous les jours !
2. Nous, on va faire .... à l'étranger : on va visiter Berlin !
3. J'adore lire pendant les vacances : surtout .... historiques !
4. Je ne sais pas de quel .... part mon train !
5. Moi, je vais .... à mes grands-parents, cet été.

3 Dis le temps qu'il fait sur chaque dessin. *5 points*

Il ....   Il ....   Il ....   Il ....   Il ....

LA COMMUNICATION

4 Qu'est-ce que tu dis dans les situations suivantes ? *3 points*

1. – Quelle heure il est ?
   – Je ne sais pas, mais on va être en retard ! .... !
2. – Tu sais quoi ? J'ai gagné 100 euros au loto !
   – .... !
3. – Peuh ! Lundi, on a trois interrogations : en maths, en géo et en sciences !
   – .... !

LA GRAMMAIRE

5 Mets ces phrases au passé composé négatif. *4 points*

1. Tu parles français avec ton correspondant. : ....
2. Je prends l'avion. : ....
3. Tu fais tes devoirs. : ....
4. Il dort. : ....

Auto-évaluation Unités 5 et 6

LA GRAMMAIRE

6 Choisis l'adjectif possessif correct. *4 points*

1. Tu vas voir ton / tes / votre cousins pendant les vacances ?
2. Madame Blanc, c'est ton / votre / son mari au téléphone.
3. Mes parents ont leur / ses / leurs vacances en juillet.
4. Leur / Ses / Leurs hôtel est très confortable.

7 Transforme les phrases au futur proche. *3 points*

1. Tu pars en vacances ? ....
2. Vous préparez votre valise ? ....
3. On rend visite à nos cousins. ....

8 Relie les questions et les réponses. *5 points*

1. Où est-ce que tu vas au mois de juillet ?
2. Combien de temps est-ce que tu restes chez tes grands-parents ?
3. Qu'est-ce que tu vas faire ?
4. Quand est-ce que tu pars ?
5. Dans quelle ville ils habitent ?

a. Je ne sais pas !
b. Dimanche !
c. Chez mes grands-parents.
d. À Brest.
e. Un mois !

9 Complète les phrases avec *au, à l', aux* ou *en*. *4 points*

1. Il va .... États-Unis cet été.
2. Ma sœur va .... Espagne lundi.
3. Je veux aller .... étranger.
4. Mon oncle aime aller .... Canada.

LA CULTURE

10 Vrai ou faux ? *4 points*

1. La Camargue est une région qui se trouve au nord de la France.
2. Il y a beaucoup de vaches en Camargue.
3. En France, pour Pâques, on mange des crêpes.
4. Le jour de la fête Nationale est le 14 juillet.

Total : 40 points

COMPTE TES POINTS ET DIS SI TU SAIS :

- communiquer au téléphone
- parler de tes activités
- parler de la météo
- nier
- exprimer la possession
- parler de tes projets
- localiser des faits dans le temps et dans l'espace
- demander des informations

ÉLARGISSEMENT 1

MA COPINE ISABELLE

1 **Lis la description d'Isabelle.**

Voici une photo de ma copine Isabelle. Elle est suisse.

Elle habite à Genève avec ses parents dans un grand appartement.

Sa mère est médecin et son père professeur dans un collège. Elle parle français, anglais et allemand.

Elle fait de la natation et du ski. Elle adore écouter de la musique pop et elle aime bien danser.

Elle a vingt-trois ans. Elle est petite et mince. Elle a les yeux bleus et les cheveux blonds et raides. Elle est très sympa.

2 **Cherche les réponses aux questions.**

Qui est-ce ?   C'est Isabelle.

Elle a quel âge ?   ....

Que font ses parents ?   ....

Elle habite où ?   ....

Qu'est-ce qu'elle fait pendant son temps libre ?   ....

D'où elle est ?   ....

Comment est-ce qu'elle est ?   ....

Quelles langues est-ce qu'elle parle ?   ....

3 **Lis la description de Jean-Claude Van Damme et remets les paragraphes dans le même ordre que dans la description d'Isabelle.**

A. Il est acteur et metteur en scène de cinéma. Il travaille à Hollywood. Il parle français, flamand, anglais et italien.   ◯

B. Il fait du karaté et de l'haltérophilie. Il adore écouter de la musique classique et voir des ballets. Il aime peindre aussi.   ◯

C. Il habite dans une grande maison aux États-Unis avec sa femme et ses deux enfants.   ◯

D. Il a environ quarante ans. Il est grand et fort. Il est châtain et il a les yeux bleus. Il est très sympa.   ◯

E. Voici une photo de Jean-Claude Van Damme. Il est belge.   ◯

4 **Cherche les mots que tu ne comprends pas dans le dictionnaire.**

5 **Trouve une photo d'un copain ou d'un personnage connu. Fais sa description dans ton cahier en cinq paragraphes.**

ÉLARGISSEMENT 2

ALIZÉE

Côté personnel

Alizée Jacotet est née le 21 août 1984 à Ajaccio en Corse du Sud. Son prénom, peu commun, est le nom d'un vent. Cela vient de la passion de ses parents pour la planche à voile.

Elle a un frère, Johann qui a dix ans. Son père est informaticien et sa mère vient d'abandonner son magasin pour pouvoir suivre sa fille "star".

Alizée aime : la plage, les dauphins, faire les magasins, son chien mais aussi Patrick Bruel, Johnny Hallyday, Brad Pitt et Julia Roberts.
Elle n'aime pas : le mensonge, l'hypocrisie et la couleur verte !

Côté professionnel

Alizée se passionne pour la danse depuis l'âge de quatre ans. De plus, depuis quelques années, elle prend des cours de chant et de théâtre.
En 1995, Alizée a onze ans et elle participe à un concours de dessin : il s'agit de colorier un avion. Quelques mois plus tard, son dessin est choisi sur plus de 6 000 candidats et il est reproduit grandeur nature sur un avion baptisé "Alizée" : le début de la gloire !
En 1999, Alizée participe au concours de "Graine de Chanteuse". Elle gagne 2 fois !
En 2000, elle lance la première chanson "Moi... Lolita", de son futur album intitulé "Gourmandises" qui va être vendu aux Pays-Bas, au Japon, en Pologne...
Le 19 juin 2001, la jeune chanteuse reçoit un <u>Award</u> à la dernière cérémonie des <u>HIT FM AWARD</u> de Russie, et la même année sa chanson "Moi... Lolita" est disque d'or aux Pays Bas !!!

Alizée est maintenant une des chanteuses françaises les plus appréciées des jeunes français.
Et son succès ne fait que commencer !

---

1 **Réponds aux questions.**

1. Que fait la mère d'Alizée actuellement ?

   ....

2. À quel âge Alizée a-t-elle commencé à chanter ?

   ....

3. Et à danser ?

   ....

2 **Cherche dans le texte :**

   1. le nom de deux chanteurs français : ....
   2. deux mots de la famille de « chanter » : ....
   3. un mot de la famille de « mentir » : ....

ÉLARGISSEMENT 3

LES VACANCES

1 Relie les photos et les cartes postales.

1/   Tunis, le 14 août

....

   C'est génial, la Tunisie ! En ce moment, je suis dans le jardin de notre superbe hôtel, en train de prendre un bon jus de fruits ! À midi, on va manger du couscous au restaurant et cet après-midi on va visiter le Palais de Bardo. J'ai très envie de voir les mosaïques tunisiennes. Demain, on a l'intention de visiter les monuments romains à Carthage et on pense partir dans deux jours à Djerba, une île au sud du pays. Je te raconterai ! Et toi ? Tu t'amuses ?

À bientôt, Sophie.

2/   Lausanne, le 30 juillet

....

   On s'amuse bien ici à la montagne. Le camping est grand et on connaît des tas de gens. Cet après-midi on va faire de l'équitation et ce soir on va faire un barbecue. Génial ! Ils font de bonnes saucisses, ici ! Demain on va faire de la randonnée : 20 kilomètres ! Bon, je vous laisse : on descend au village faire des achats.

Grosses bises, Marc.

3/   Grenade, le 16 avril

....

   Je fais du tourisme en Andalousie. Tout se passe bien et j'apprends beaucoup de choses. L'Espagne est très intéressante et les gens sont très sympathiques. Aujourd'hui je suis à Grenade : c'est une jolie ville. Ce soir on va visiter l'Alhambra et on va voir la fameuse fontaine aux Lions. La semaine prochaine, on va passer trois jours au bord de la mer. On mange bien ici : à midi on va goûter une vraie paëlla !

   Bonnes vacances, monsieur,

Meilleurs souvenirs, Jérôme.

2 a. Qui sont les destinataires ?

– un professeur ?   – une copine ?   – des parents ?

b. Écris les expressions suivantes sur les cartes correspondantes.

Cher Monsieur Frankel,   *Chère Danièle,*   *Chers Maman et Papa,*

2 Écris une carte postale à un copain / une copine. Dis-lui...

1. Où tu es.
2. Ce que tu vas faire aujourd'hui.
3. Ce que tu vas faire demain.
4. Ce que tu vas manger

Cher/Chère ....

....
....
....

Corrigé des auto-évaluations

Unités 1 et 2

LE VOCABULAIRE

1. Cherche l'intrus. `6 points`
1. mai / 2. professeurs / 3. bleus / 4. derrière / 5. la chanteuse / 6. anglais

2. Complète les phrases avec des mots de la liste, à la forme correcte. `6 points`
treize / blonde / frises / mère / avocate / père / enfants / grand-père / fais / aime / adore / amis

3. Écris les nombres en lettres. `4 points`
seize / vingt et un / quarante / trente-huit

LA COMMUNICATION

4. Réponds aux propositions. `4 points`
1. Bien sûr ! / 2. D'accord. Bonne idée ! / 3. Oh non ! Je n'ai pas envie / 4. Oui, d'accord.

LA GRAMMAIRE

5. Complète les phrases avec *le, la, l', les, du, de la, de l'*. `3 points`
1. du / 2. de la / 3. de la / 4. les / 5. de l'

6. Remets les questions dans l'ordre. `2 points`
1. Comment t'appelles-tu ? / 2. Tu habites à Bordeaux ? / 3. Tu as des frères ou des soeurs ? / 4. Elle a quel âge ?

7. Complète les phrases avec *mon, ma, mes, ton, ta, tes, son, sa, ses*. `4 points`
1. ton / 2. sa / 3. son / 4. ma

8. Complète les phrases en utilisant *on*. `3 points`
1. On a / 2. On habite / 3. On va

9. Transforme les phrases à la forme négative. `5 points`
1. Je ne vais pas à Paris. / 2. Il n'habite pas à Grenoble. / 3. Elle n'est pas blonde. / 4. Je ne suis pas belge. / 5. Elle n'est pas sympa.

LA CULTURE

10. Réponds aux questions. `3 points`
1. Vrai / 2. Faux / 3. Faux.

Total : 40 points

Unités 3 et 4

LE VOCABULAIRE

1. Écris les heures. `4 points`
Il est une heure et quart / Il est quatre heures moins le quart. / Il est minuit et demi. / Il est sept heures.

2. Complète les phrases avec les verbes suivants. `6 points`
1. sortir / 2. prends / 3. fait / 4. se couche / 5. rentre / 6. lire

3. Retrouve les paires. Écris les mots avec des articles définis. `5 points`
le cinéma / les films ; les médicaments / la pharmacie : la boulangerie / le pain ; la gare / les trains ; le stade / le sport ; l'office du tourisme / les plans ; la discothèque / la musique ; la bibliothèque / les livres.

4. Observe les dessins et dis ce qu'ils sont en train de faire. `4 points`
1. Il est en train de danser.
2. Elles sont en train de faire du vélo.
3. Elle est en train d'écouter de la musique.
4. Ils sont en train de voir un film.

LA COMMUNICATION

5. Réponds aux situations. `4 points`
1. Oui, je suis crevé / 2. Oh non, l'horreur ! / 3. Bonne idée ! / 4. Ça y est !

LA GRAMMAIRE

6. Décris la journée de Daniel. `5 points`
1. Il se lève six heures et demie. /
2. Il s'habille à sept heures moins le quart.
3. Il prend son petit-déjeuner à sept heures. / 4. Il va au collège à huit heures.
5. Il rentre chez lui à cinq heures vingt.

7. a. Complète ces phrases avec des verbes à l'impératif. `3 points`
tourne / va / traverse / passe / Prends continue

b. Fais la même chose, mais cette fois tu t'adresses à un adulte. `3 points`
tournez / allez / traverez / passez / Prenez / continuez

8. Complète avec *pouvoir* ou *vouloir*, conjugues à la bonne forme. `3 points`
1. veaux / peut ; 2. pouvons / veulent ; 3. pouvez / peut

LA CULTURE

9. Réponds aux questions. `3 points`
a. le mercredi / b. Pardon monsieur, pouvez-vous me dire où se trouve... ? Excusez-moi, ... s'il vous plaît ?
c. la mairie

Total : 40 points

Unités 5 et 6

LE VOCABULAIRE

1. Complète les mini-dialogues. `3 points`
1. Est-ce que je peux parler à ... s'il vous plaît ? / 2. Non ce n'est pas urgent. 3 Merci !

2. Complète chaque phrases avec un des mots de la liste. `5 points`
1. la mer / 2. du tourisme / 3. des romans 4. quai / 5. rendre visite

3. Dis le temps qu'il fait sur chaque dessin. `5 points`
1. Il neige. / 2. Il y a du vent. / 3. Il fait soleil. / 4. Il pleut. / 5. Il y a des nuages.

LA COMMUNICATION

4. Qu'est-ce que tu dis dans les situations suivantes ? `3 points`
1. Dépêche-toi ! / Vite ! / 2. Sans blague ! / Quelle chance ! / 3. La barbe ! / J'en ai marre !

LA GRAMMAIRE

5. Mets ces phrases au passé composé négatif. `4 points`
1. Tu n'a pas parlé français avec ton correspondant. / 2. Je n'ai pas pris l'avion 3. Tu n'a pas fait tes devoirs. / 4. Il n'a pas dormi.

6. Choisis l'adjectif possessif correct. `4 points`
1. tes / 2. votre / 3. leurs / 4. leur

7. Transforme les phrases au futur proche. `3 points`
1. Tu vas partir en vacances ? / 2. Vous allez préparer votre valise ? / 3. On va rendre visite à nos cousins.

8. Relie les questions et les réponses. `5 points`
1. c / 2. e / 3. a / 4. b / 5. d

9. Complète les phrases avec *au, à l', aux* ou *en*. `4 points`
1. aux / 2. en / 3. à l' / 4. au

LA CULTURE

10. Vrai ou faux ? `4 points`
1. Faux / 2. Faux / 3. Faux / 4. Vrai

Total : 40 points